DOING PHILOSOPHY

[英] 蒂莫西·威廉森————著

胡传顺————————译

**Timothy
Williamson**

哲学是怎样
炼成的：

From Common Curiosity to Logical Reasoning

北京燕山出版社
BEIJING YANSHAN PRESS

哲学是怎样炼成的

[英] 蒂莫西·威廉森 著

胡传顺 译

**DOING PHILOSOPHY: FROM COMMON
CURIOSITY TO LOGICAL REASONING**

by Timothy Williamson

图书在版编目（CIP）数据

哲学是怎样炼成的 /（英）蒂莫西·威廉森著；胡
传顺译 .-- 北京：北京燕山出版社，2019.11
书名原文：DOING PHILOSOPHY: FROM COMMON
CURIOSITY TO LOGICAL REASONING
ISBN 978-7-5402-5443-8

Ⅰ.①哲… Ⅱ.①蒂… ②胡… Ⅲ.①西方哲学—通
俗读物 Ⅳ.① B5-49

中国版本图书馆 CIP 数据核字 (2019) 第 212691 号

北京市版权局著作权合同登记号 图字:01-2019-5562 号

选题策划	联合天际·王 微
特约编辑	何 川
美术编辑	梁全新
封面设计	高 熹

责任编辑	刘占凤 赵 琼
出 版	北京燕山出版社有限公司
社 址	北京市丰台区东铁匠营苇子坑 138 号嘉城商务中心 C 座
邮 编	100079
电话传真	86-10-65240430（总编室）
发 行	未读(天津)文化传媒有限公司
印 刷	三河市冀华印务有限公司
开 本	787 毫米 ×1092 毫米 1/32
字 数	100 千字
印 张	7 印张
版 次	2019 年 11 月第 1 版
印 次	2019 年 11 月第 1 次印刷
书 号	ISBN 978-7-5402-5443-8
定 价	59.80 元

关注未读好书

未读 CLUB
会员服务平台

前 言

　　我非常感谢以下这些人的帮助，他们在这部作品的不同阶段给予了敏锐的意见：牛津大学出版社的珍妮弗·内格尔（Jennifer Nagel）、彼得·蒙奇洛夫（Peter Momtchiloff）、安德烈娅·基根（Andrea Keegan）以及珍妮·纽吉（Jenny Nugée），还有各位匿名评审员，最重要的是，我的妻子安娜·姆拉德诺维奇·威廉森（Ana Mladenović Williamson）。

　　在本书的几处，我在方框里对某些概念做了更加技术性的细节处理。有些读者会觉得这很有用，但不排除一些读者不愿意中断主要论证的连贯性，也可以略过这部分。

目　录

第一章

导论：哲思即本能

让-皮埃尔·里夫（Jean-Pierre Rives）是橄榄球联合会的传奇人物，是伟大的法国橄榄球国家队在1978—1984年的队长。在这个领域，他是一位让人无法遗忘的少有人物，披着长长的、野性的、金色的头发，穿着血迹斑斑的衬衫。在一次新闻采访中，他谈到了他对战术的思考：关键在于，对你要试图获得的东西保有一个清楚和明白的观念；然后，你应该把每一个复杂的动作分解为最简单的组成部分，让它们易于直观，再从此处返回以建构整体。里夫虽然没有点出法国标签式的哲学家勒内·笛卡尔（René Descartes，1596—1650）的名字，但他遵从了笛卡尔对"清楚"和"明白"这两个标语的需求和强调，也遵从了他的著作《探求真理的指导原则》（*Rules for the Direction of the Mind*）中的原则之一（原则五）[1]。法国的学校教授哲学课程，这让哲学有了意料之外的用途。

---

[1] "全部方法，只不过是：为了发现某一真理而把心灵的目光应该观察的那些事物安排为秩序。如欲严格遵行这一原则，那就必须把混乱暧昧的命题逐级简化为其他较单纯的命题，然后从直观一切命题中最单纯的那些出发，试行同样逐级上升到认识其他一切命题。"引自笛卡尔：《探求真理的指导原则》，管震湖译，商务印书馆，1991，第21页。——编者注

哲学也有危险之处。里夫没有推荐笛卡尔的另一种方法，即他极端、彻底地怀疑一切的策略，包括怀疑外在于心灵的整个世界，从而把科学重新建立在剩下的几个确定性的坚固基础之上。彻底怀疑也不可能造就体育运动的成功。然而无论如何，笛卡尔自己也没有达到他的高标准：他依赖一些老生常谈的狡猾思考方式去"证明"上帝的实存，然后，利用上帝去解决他的怀疑。即使在那个时代，也有许多哲学家发现他的解决方案令人难以信服。他怀疑的因由有点像弗兰肯斯坦创造的怪物，他建构，但不能控制。这就是怀疑论的问题，它通常被当作"非问题"而被拒斥，只有那些极端猜疑的哲学家对此有兴趣。但不要忘记，被政治家和商人称呼为公关的那些顾问会从根底上破坏"不合时宜"的各种科学发现，例如全球变暖和吸烟有害健康。这些顾问有一个口号："怀疑就是我们的产品。"他们知道，他们不可能证明科学家错了。因此，他们的目标就是创造足够多的迷惑性，以乱视听，让人们认为"这些专家顾问都不赞同，所以没有什么可担忧的"。然而，气候变化的怀疑论并不是一种无害的哲学怪胎，它是对后代的真实威胁。

笛卡尔重新建构知识的出发点是他自己内在思维的知识，这一点在现实中也有奇怪的对应。2003年3月，美国时任总统乔治·W.布什（George W. Bush）和英国时任首相托尼·布莱尔（Tony Blair）宣称伊拉克有大规模杀伤性武器，于是入侵伊拉克，推翻了萨达姆·侯赛因（Saddam Hussein）的政权。这个理由不久就被证明是错误的。在2004年的一次演讲中，托尼·布莱尔为自己的行动辩护，他说："我只知道我所相信的。"他不知道是否有大规模杀伤性武器，但是他知道他相信有大规模杀伤性武器。他试图把注意力从大规模杀伤性武器是否可证的问题上，转移到他内心的笃信这一问题上。

当我们认识到该区域的人民长期忍受着屈辱时，哲学也发挥了作用。我们能这么做，是因为我们有人道主义的观念。哲学家则在这个观念的发展中起到了关键性的作用：与笛卡尔同时期，还有著名的胡戈·格劳秀斯（Hugo Grotius，1583—1645）、约翰·洛克（John Locke，1632—1704），以及其他哲学家。

哲学并不是某种完全与我们不相容的东西；它已经以各种琐碎和重要的方式深入到我们的生活之中。

但哲学究竟是什么？哲学家又在试图获得什么？

传统意义上，哲学家以一种非常普遍的方式想要理解每个事物的本质：存在与非存在、可能性与必然性；常识的世界、自然科学的世界、数学的世界；部分与整体、空间与时间、原因与结果、心灵与物质。他们想要理解我们的理解能力本身：知识与无知、信仰与怀疑、表象与现实、真理与谬误、思维与语言、理性与情感。他们想要理解和判断我们与这种理解能力是什么关系：行为与意图、手段与目的、善与恶、正确与错误、事实与价值、快乐与痛苦、美与丑、生与死，以及更多。哲学极具野心。

这个简要说明提出了一个重要的问题：既然以上这些主题科学家也研究了很多，那么哲学与科学是怎样的关系呢？这两者并不总是分离。从古希腊时期起，哲学就包括自然哲学，包括对自然世界的研究。长话短说，到16世纪、17世纪，自然哲学使得某些可认识的东西成为现代意义上的自然科学，特别是物理学。例如伽利略和牛顿，这些先驱人物仍然把自己描述为自然哲学家。有些哲学家也是科学家和数学家，包括笛卡尔和戈特弗里德·威廉·莱布尼茨

（Gottfried Wilhelm Leibniz，1646—1716）。但是，自然哲学或者说自然科学发展出了一种独特的研究方法，即以实验为主导，使用特殊仪器，如望远镜和显微镜精准观察、测量以及计算。渐渐地，哲学的这个孩子似乎成了一个竞争对手，给父母以致命威胁。因为哲学和自然科学看起来在争相回答现实的根本性质这类问题。如果这是一场决斗，哲学似乎已经被压制，因为它仅仅只有思考，而自然科学却有很多其他的方法。就算哲学家坚持认为他们比自然科学家更善于思考，但谁又会相信他们呢？要改变这样一个印象，即哲学家被抛掷于懒人的角色上，坐在舒适的扶手椅里教授我们宇宙是什么样的，而科学家却走出去观看和端详宇宙真正的样子。如果真是这样，哲学岂不是太过陈腐？因此，现代自然科学的兴起已招致逐渐紧迫的哲学方法的危机。

哲学接下来的历史可以被理解为对这种方法危机的一系列回应。它试图找寻某种东西，甚至任何东西，只要是比科学更好的方法。这些尝试通常都涉及大幅降低哲学的野心，后面的章节将会解释。

我认为，把哲学与科学想成是对立的假设，是一种过于狭隘、一刀切式的观念。然而，如同物理学、化学和生物学这类自然科学，数学也是科学，所有这些学科总要依赖于数学，而数学家们并不做实验。他们像哲学家，他们的工作就是坐在扶手椅里思考。这本书将阐释哲学家如何使用恰当的科学方法来回答传统的富有野心的问题。如同数学一样，哲学是一门非自然科学；不同于数学的是，哲学并不是一门完全成熟的科学。

应当承认，许多当代哲学家的路径、方法与科学无关。而这本书是关于炼就"好的"哲学，不是"坏的"哲学，虽然什么是做得"好"本身就存在争议。许多哲学家将憎恨我描述的哲学是怎样炼成的。这一点，我交给读者判断。

这本书将解释哲学如何能够回答广阔的普遍性问题。它涉及的不是什么外来的、不可改变的意识。读者有时可能会觉得："但是我已经这样做了！"这恰恰是关键之处。哲学，就像所有的科学那样，开始于所有正常人具有的认知和思维的方式，但运用得更仔细一些、系统一些、批判性一些，一遍又一遍地重复这个过程。经过数千年，在无数人的努力下，哲学已经把我们带到靠自己远不可能达到的理智之境。大部分人，尤其是儿童，总在问自己包含着哲学种子的各种问题，正如问自己包含着物理学、生物学、心理学、语言学、历史学等种子的问题一样。真正的困难在于识别这些种子，并为这些种子的成长提供条件。没有这些条件，每一代人都无法摆脱种子多而果实少的命运。

我修炼哲学已经超过四十年，哲学仍然是我最大的快乐源泉之一，当然，也是我失意的源泉。我希望这本书传递多一些快乐，少一些失意。

第二章

人因常识立法

有这样一个故事，一位旅行者询问去某地的路，却被告知："如果我要去那里，我就不会从这里出发。"这个建议是没有用的，因为人们除了从其所在的地方出发，别无他法。这同样适用于任何探究。我们除了从我们已经拥有的知识和信念出发，从我们已经拥有的获得新知识和新信念的这些方法出发，别无选择。简单地说，我们不得不从常识开始。当然，这并不意味着我们必须终于常识。我们希望最终能够超越常识。但是，我们能够完全逃离我们所依赖的常识吗？难道我们不把它带到我们的旅途中吗？

想象一下某个遭受持续不断的幻觉折磨的人，他不可能依赖他自己的经验。他甚至不可能依赖别人经验的"传闻"，因为他也可能对那些"传闻"产生幻觉。他已不适合参与任何一门自然科学。因此，即便最老练的自然科学家也必须预先假定他们的感觉不是一团乱麻。至少，在这个程度上，他们仍然依赖认知的常识方式。

正如自然科学那样，哲学也从来都不会完全逃避它起源于常识。有些哲学家是常识的坚定守护者，或者，在他们自己的时代和地域是常识的守护者，例如，亚里士多德（Aristotle，前384—前322）、托马斯·里德（Thomas Reid，1710—1796）和 G. E. 摩尔（G. E. Moore，1873—1958）。有些哲学家力求回避他们认为是错误的常识，但从来都没有完全成功过。因此，自然科学家倾向于在幕后保留他们对常识方式的依赖；而哲学家，我们可以简单地认为，更愿意在台前保留它——通常情况下是因为他们并不是那么简单地看待常识的地位。这种循环往复的、自发的与常识的交战，这种断言或质疑，正是哲学方法的其中一方面。

────────── **2. 何为常识?**──────────

常识包括什么？人们或多或少都起始于相同的认知能力（当然，也有例外的情况）：我们可以看见和观察；我们可以倾听和耳闻；我们可以触摸和感觉；我们可以舔舐和品尝；我们可以闻闻嗅嗅；我们可以操控；我们可以探索；我们可以记住；我们可以想象；

我们可以比较；我们可以思考；我们可以用文字和图片与他人交流我们的想法，并且可以理解他们对我们说的和展示的东西。以这种方式，我们了解了周围的环境、彼此以及我们自己。我们开始了解到我们是世界的一部分。随着我们在这个世界上成长和生活，很多这种认知都是自然而然或不经意间获得的，就算没有接受过普通学校或大学的正规教育也一样。

常识知识（common-sense knowledge）在一个社会里，意味着这个社会的大部分成员都知道。因此，常识知识在不同的社会并不相同。在现代社会，太阳比地球大很多就是常识知识。在石器时代的社会里，这就不是常识知识。在塞尔维亚语的社会里，单词"crveno"的意思是红色，这是常识知识。在另一个社会，这就不是常识知识，因为在这个社会，很少有人懂得塞尔维亚语。但是，并不是所有的常识知识都如此不同。在每一个人类社会里，人们都有头颅和血液，这就是常识知识。

在一个社会里，常识信念（Common-sense beliefs）就是大部分成员所相信的。所有的常识知识都可能是常识信念，但是并不是所有的常识信念都是常识知识。因为，如果一个信念是错误的，它就不是知识。在一个孤立封闭的社会，每个人都相信地球是扁平的，他们并不真正"知道"它是扁平的，很简单，因为它不是。他们只是相信他们知道它是扁平的，但这个信念是错误的。类似的，在一个种族主义社会，大部分成员对其他种族的人抱有错误信念。在这个社会，这是常识信念，但不是常识知识，很简单，因为这也是错误的，所以它根本不是知识。即使这个社会的成员都相信他们对其他种族的常识信念是常识知识，这个进一步的信念也是错误的。一个人在他自己的社会里，要区别常识知识和常识信念是很困难的，但是，通常其他社会的成员能告之其间差别。

"常识"的概念不仅可以应用于社会中的常识知识和常识信念，也可以应用到产生这种知识和信念的通常思维方式上。

—————— **3. 常识问题，哲学问题** ——————

像很多其他的动物那样，人类是有好奇心的，我们渴望认知。有很多知识是好事情，它以各种难以预料的方式造就诸多好处。

常识思维包括问各种各样的问题，有些人关注非常具体的问题：牛奶在哪里？那边那个人是谁？有些人关注较为普遍的问题：你怎么做奶酪？老鼠能活多久？有些人关注的问题更普遍，包括"是什么"类型的诸问题。一个喝着奶的孩子可能会问："奶是什么？"她完全知道"奶"这个词怎么使用，但她仍然想知道奶是什么。她可能会被告知，奶是如何来自乳牛及其母亲。在这个事例中，答案在她的社会里已经是共同的知识。其他一些例子的答案可能并不是共同的知识，或者不是共同的信念。例如，有些人可能会问："蜂蜜是什么？"他可能知道蜂蜜是在蜜蜂的蜂巢里被发现的，但是不知道它是怎么来的。例如，当人们被水怎么能够结成冰然后又融化这样的问题迷惑时，他们可能会问："水是什么？"科学开始于这样的一些问题，也开始于具体种类的动植物的属性这样的问题。它们不是关于我们心灵的话语或概念这类问题，而是关于实物本身：奶、蜂蜜、水。我们不可能吃掉、喝下话语或概念。

这些问题还会继续：太阳和月亮是什么？火是什

么？光是什么？声音是什么？这些问题之间不存在本质上的区别，我们现在把它们认作是科学的开端，同时也是哲学的开端。空间是什么？时间是什么？这些问题在物理学和形而上学中被追问，作为哲学的分支，二者关注的是作为一个整体的实体，而不是某种完全不同的认识，虽然它们可能会得到不同的答案。而自然科学是从自然哲学发端的（参见第一章）。

让我们回到哲学的开端看看"是什么"的问题。柏拉图（Plato，约前429—前347）曾追问"正义是什么？"以及"知识是什么？"——这些问题在今天仍然是哲学的核心问题。他追问的并不是某种（古希腊的）话语或概念，而是关于正义和知识本身。当然，它们并不是像奶、蜂蜜或水这样的实物。你不可能有1升正义或1千克知识。但是，这并不是哲学与自然科学之间的差别。生物学回答"生命是什么？"这种问题（以及许多类似的其他问题），但生命并不是一种物品。你不可能有1升或1千克生命。生命和非生命之间是有区别的，生物学的一个任务就是要解释这个根本的差异。类似的，在公正和不公正的行为之间也存在着区别，哲学（特别是政治哲学）的任务之一就是要解释这个根本的差异。知识和无知之间存在着区别，哲学（特别是认识论）的另一项任务就是要解释这种根本的差异。常识辨识生命、正义和知识，我们的好奇本性使得我们想要更好地理解它们。

当然，一想到常识的各种差异，有时会使得我们不满意它们。我们获得常识的日常话语可能太模糊，我们可能会对几种不同的差异犯糊涂，或者仅仅只是标明了它们表面上的不同。这既可能发生在哲学中，也可能发生在自然科学中。因此，我们可能需要引入新的术语以做出更清晰或更深刻的区分，并且为进一步的探究创造一种更有帮助的架构。常识是这样的一种出发点，而不是终点。

────── **4. 作为检验哲学的常识** ──────

常识不仅仅是被哲学留在身后的出发点，它还保留了另一种角色，即检验哲学家的暂定结论。

我的一个前同事在一次演讲中陈述了他的知觉理论，一个学生指出，这一理论的前提是不可能通过一扇窗户去观看。我同事的理论被常识知识所驳斥，因为常识是通过一扇窗户观看是可能的。而我一边写，也在一边通过一扇窗户看着树木。

任何一种与常识知识不一致的理论都是错误的。因为任何已知的东西都是实情，所以任何与此不一致的东西都不是实情。还有一个例子：形而上学家约翰·麦克塔格特（John McTaggart，1866—1925）论证了时间是不真实的，意思是没有什么事发生在其他任何事之后。这就与人们都是在起床之后才吃早餐这一常识知识不一致。因此，这一形而上学的理论被驳倒。当代的哲学家通常通过表明某种哲学理论与常识知识的不一致从而排除这些哲学理论。

使用常识作为标准去判断诸种哲学理论，明显存在一个担忧：如果我们把一种错误的常识信念误认为是常识知识，情况会怎么样呢？在一些社会里，人们相信"严刑拷打不是错误的"；事实上，他们相信的是"我们都知道严刑拷打不是错误的"。在这样一个社会里，哲学家可能会认为他们是通过表明与常识知识不一致从而驳倒了一项人权理论，因为人权理论意味着严刑拷打是错误的。这种"驳倒"难道不是欺骗吗？

这种担忧在于，对常识的诉求恰恰是这样一种伪装，即在判断哲学理论时依赖流俗的偏见。在观点被现代科学所启发的那些哲学家之中，这样的怀疑特别强烈，因为他们把常识当作是前科学的。伯特兰·罗素（Bertrand Russell，1872—1970）称之为"野蛮人的形而上学"。例如，在爱因斯坦的狭义相对论的基础上，有些哲学家否认现在比过去和未来更加真实，他们将不会被反对他们所诉求的常识打动。他们认为，这种常识体现出来的是一种过时的时空观念。

另一种与常识信念不一致的理论是虚空之中只有原子（或者基本粒子），有些哲学家颇有争议地把这个当成是现代科学的一场教训。根据他们的观点，根本不存在常识中的大型客体这样的事物：没有棍子和石头、没有桌子和椅子。虽然它们显现为大型客体，但事实上，它们是不存在的。现在，极端拒斥常识的诸多危险开始出现。究竟对谁来说事物显现为大型客体？也许是人类。对基本粒子来说，事物不会以任何方式显现，因为它没有思想。但是，人类是大型客体，因此，根据这个极端的观点：没有人类存在，更不会有任何事物显现为棍子和石头。没有仅仅是便于运用的像"棍子"和"石头"这样的词语，因为没有人使用它们；事实上，也没有词语，因为词语不是基本粒子。这简直一发不可收拾。

对于自然科学而言，也对于哲学而言，这里存在一个问题。自然科学根植于我们进行观察的能力。如果一项科学理论意指，没有任何进行观察的能力，这难道不是清除了它所在的科学分支吗？即使人们试图假定观察而没有观察者，他们也会涉及这种被否定的大型事件。一种理论，如果它对立于获取有利证据的可能性，那么它就是自我毁灭性的。这同样适用于自然科学理论和哲学理论。既然获得这样的证据最终还是依赖通过感官进行认知的常识性方法，那么，这种辩护性的理论在与常识不一致的程度上，是有限度的。

常识检验哲学理论这种有争议性的作用提出了一个更加普遍的问题：在哲学上，我们必须获得什么样的证据？

──────── **5. 不可靠的证据** ────────

许多哲学家把现象当作判断自然科学理论和哲

学理论证据的黄金标准。根据他们的观点，一个好的理论必须能存有这些现象。换句话说，这个理论应该精准地预测事物将如何向我们显现，或者至少要避免不精准的预测现象。现在，理论能够在精准地预测现象的同时，仍说某些现象是错误的。例如，理论能预测月亮对我们来说看起来要比星星更大，但同时坚定地补充，事实是，月亮要比星星小很多。一个更加极端的理论甚至可能预测：对你来说，月亮看上去要比星星大很多，同时补充道，事实是，根本就没有星星和月亮在那里，有的仅仅是你想象的虚构物。这个理论一定预测不到，月亮对我们而言可以"看"起来比星星更小。如果为了符合证据而存有足够的现象，那么最终，你此时此刻必须获得的唯一证据，就是事物此时此刻向你显现的样式。不管你是否正在观看星星和月亮，或者仅仅是幻想它们，你的证据包括这种事实——它向你显现的是星星和一个比星星大得多的月亮。

为什么要把我们的证据等同于事物向我们显现的样式呢？诉求这个等式的是这种思想：关于事物真实的样式，我们可能是错误的，但至少，关于事物向我们显现的样式，我们没有错。但是，关于事物向我们显现的样式，我们观察到的真的可靠吗？

要运用现象作为证据以支持或反对一个理论，仅仅是现象的出现，那是不充分的。例如，一个理论预测到，如果你做一项特殊的实验，一个"点"将显现出运动。一旦你做这个实验，运用这个结果支持或反对这一理论，这就要求你判断是否有一个"点"确实显现出运动。判断结果可能是正确的，也可能是错误的。我们人类做出的判断，即使是我们对眼中显现的事物做出的判断，都是不可靠的。如果没有"点"显现出运动，我仍可能用其他方式说服自己，因为我致力于这个理论，所以，我可能会做出有偏见的判断——"一个点显现出运动"。不管我们的证据是什么，我们对它做出的判断都是不可靠的。有时，我们会弄错。即便我们尽最大努力阻止自己的无意识偏见，我们仍然会失败。因此，在论证中会有瑕疵，而"我唯一的证据就是我的现象，因为除此之外，我可能都是错误的"，因为它为证据设定了一条标准，即使我们没有遇到这些现象。

无论如何，使证据等同于现象违背了科学的精神。科学的精神要求证据是可检验的、可重复的、可被其他人公开审核的。根据所有这些测验方式，一个人观察到的短暂现象很糟糕。在这个方面，常识做得更好，因为它是共享的，并且能够被检验。学术期刊上被引用为证据的论文是实验的真实结果，它是以大量的物理术语来描述的。这样的描述比我对周遭环境用日常术语的描述要更加精确、更有技术含量，并且比仅仅描述事物向某人显现的样式要更接近日常的周遭环境。

自然科学的这个实例表明，追求一种我们是绝对可靠的证据是徒劳的。不管证据是什么，那些我视之为证据的东西有时可能会被证明是错误的。在实践中，没有什么科学的程序被设计出以提供 100% 的保证来避免错误。更确切地说，从长远来看，它们是被设计出来以便于纠正各种错误的。这是哲学也能够渴望的最好的东西。

哲学和自然科学都必须基于普通人类的能力，以多种方式依赖于常识方法去了解这个世界。因此，这两门学科都必须发展出诸种策略以回应以下这种危险，即我们视为知识的东西实际上是错误的。人类的境况意味着我们不可能单独依赖于预防，因为偶然的错误势必会悄然而至，尽管我们竭尽所能。在错误发生之后，我们也需要诸多方法以诊断和矫正我们视为证据的错误。因此，在实践中，我们必须准许一项对假定的证据提出申诉的权利。但是，这样的一项权利并不是表明，只要有人质疑一个假定的证据，我们就不把它当作证据了。这将使未经证实的质疑具有决定性意义，放纵淘气的怀疑论者逐渐中止哲学和自然科学——仅仅通过机械地质疑任何成为证据的东西。更确切地说，这值得严肃认真对待，这位批判者必须提供好的理由以质疑一个具体假定的证据。这些理由本身最好基于证据之上，经得起反过来的质疑。第三章将更详细地讨论这些争论。

—————— 6. 常识的可靠性 ——————

　　根据本节中的一幅图片，如果常识完全脱离现实，那么，哲学和自然科学都没有什么机会使得我们接触到现实，因为这两门学科最终都太过依赖认知的常识方法。但是，认为常识并非完全脱离现实的假设是否太过乐观？难道常识信念不比正确，甚至近似正确更接近实际上的有用吗？并且，一个社会或时代与另一个社会或时代之间常识上的各种差异，难道不是表明它们的常识并不能反映现实吗？

这些怀疑的论证是没有根据的。首先，正确的信念比起错误的信念，更倾向于在实际上的有用。其次，我们倾向于，在常识上发现分歧比发现一致更加令人惊奇，也因此更加有趣，而一致是预料中的无聊。由于我们关注的是分歧，与所有幕后的一致相比较，我们很可能过高地评估了分歧的程度。经验表明，任何彼此保持联系的两个人类群体将设法达成交流：常识上的这些差异对交流来说并不太重要。

如果人们寻求达到了实际上的有用性而不是真理的有关常识的真实事例，最好的观看对象就是非人类的动物，因为人类的虚荣心或沆瀣一气并不会使我们对它们有什么偏见之心。想一下，一只正在追捕一群黑斑羚的猎豹。这两种动物当然都有它们各自的学习生存环境的常识方法。这些方式完全脱离于现实，有道理吗？根本没有。对于猎豹和黑斑羚这两种动物来说，知道是否有其他种类的动物在附近，如果有，在哪里，这确实是事关生死的事情。它们已经进化到善于获取这样的知识。我们通常将某只猎豹或黑斑羚如此行动的原因归于这些知识，从而解释它们的行为。当然，像我们一样，它们也是不可靠的，并且有时会有错误的信念。一只黑斑羚可能错误地相信，没有猎豹在附近。但是，说明这是错误的信念就在于这只猎豹的技巧或运气，而不在于这只黑斑羚完全脱离现实。自然而然地，猎豹和黑斑羚的知识主要关注对它们而言极小部分的现实的实践利益，但在这个限度范围内，它们令人赞叹。令我印象深刻的是，我在南

一只猎豹与一群黑斑羚

非看到了一群黑斑羚与一只猎豹互动的场景。

从生物学的角度来看，要否定非人类的诸种动物的常识知识是不可能的。正如同从生物学的角度否定人类这种动物的常识知识也是不可能的。把这样的知识归因于我们自己，并不涉及我们人类对自己的偏爱，有很好的证据支持这一点。

因此，对违背常识的哲学理论进行测试的实践就具有相当的合理性。同样，质疑所谓常识知识的实践也拥有了这样做的具体依据。在实践中，要恰当地说出什么应该算作是我们的证据的一部分可能是困难的。但这一点同样适用于自然科学：在原则上，证据总是可以被质疑。

第三章

争论推动理论

1. 论证的双方

哲学的会议与其他的学术性会议有很多共同之处。但是，在某一方面，它们是不同的。在哲学家之间，一场演讲的重要性常常比不上随后的"Q&A"，即问答环节，这是演讲者的论证和结论受到考验之时。提问者提出各种反例，指出各种谬误，甄别各种歧义。作为回应，演讲者为他所珍视的理念的存活而战斗。两者交互进行，你来我往，直至几个回合。剩下的观众敏锐地注视着、倾听着，似乎在跟随一场国际象棋比赛，试图分出胜负。有时候，言语的"僵持不下"或默默地接受宣示了一场平局；有时候，会在主持人的干预下终止一场僵局。主持人会有一些手势信号：抬起一只手意味着一个新问题，竖一根手指意味着继续当前的问题。一场严格的会议可能会在每个人的发言结束后安排一个小时的时间给问答环节。

当涉及论证结果的时候，国际象棋的类比就是误导了。因为它预示着，一旦这场互动结束，谁赢谁输总是很清楚的。但是，论证的规则远没有国际象棋的规则这样清晰，而且这些规则本身就可能引起争论。

因此，论证的双方可能在进展的合法性或影响上有分歧。主持人并不是仲裁者或裁判员，他不会去裁定这样的事情。对于谁在这场互动中表现得更好，也不一定有一致的意见。各种意见可能依赖于先前的理论承诺。事实上，这场互动本身可能部分或完全取决于演讲中进展的合法性。

有些哲学家不太喜欢这种唇枪舌战式的哲学讨论模式。这些没有信心步入竞技场的人仅仅被当作消极的旁观者角色。然而，自信与洞察力并不高度关联。一对一的竞技与探寻真理有什么关系呢？存在这样一种担忧：当哲学氛围变得糟糕时，咄咄逼人的虚张声势或温文尔雅的诡辩可能都压制了仔细的推理。但是，让有声望的演讲者压制场面以阻止尖锐的问题，只会使事态加剧，并且会让与会者带着糟糕的论证离开。

如果皇帝没有穿衣服，每个人都应该觉得自己有资格这么说。我曾经听过一场研究哲学家弗里德里希·尼采（Friedrich Nietzsche, 1844—1900）的著名学者的演讲，他极力主张尼采的哲学不只是学院派的理论；如果严格来看，它会把一个人的生活转变成彻底的不同和非常规。在问答环节，一位大学生问他，那现在的情况是怎么回事——毕竟他是一位哲学教授，正在以一种传统的方式向哲学学生团体做学术演讲。这位尼采研究学者怒气冲冲，轻蔑地说道："我不认为这是个有意义的问题。"然而，屋子里的其他所有人都认为是有意义的。皇帝可能不喜欢被告知他没有穿衣服，但他仍能从中获益；他甚至有可能为了穿上衣服而采取一些激进的步骤。至于这位尼采研究学者，他在这个同样值得尊敬的部门当了二十来年的哲学教授，按部就班地出版了好几卷惯常主题的学院派著作。

无可否认，我给了哲学讨论一个非常局限的观点。我把它呈现为一种零和博弈，一方获得的总是等于另一方失去的。在问答环节中，很多互动就是直截了当的合作。观众们可能会为这位演讲者的理念指出补充性的证据，或是它的新用途，或是扩展它的方式，或本着演讲者的目标的精神改进它，或简化支持论点的方式。反对意见的威胁并不总是潜藏在要求澄清问题的背后。

尽管如此，相互反对彼此的现象对于哲学实践而言太过重要，以至于不能作为不礼貌的举止而被取消。此外，它与哲学的出发点有关联。因为，人们如何能够发现自己常识的局限，并且超越这些局限呢？一个自然而然的答案就是：通过遇见某些与自己的常识有冲突的人。通过彼此之间的争论，双方就都有机会测试各自的出发点的优势和劣势。

在政治学中，有时候，通过掩盖问题来扫除分歧是明智的，因为另一种方案可能会造成分裂甚至暴力冲突。智力的探究就不会经常发生上述这些情况。它要求相关的分歧公之于众，而不是被遮蔽。我偶然间体验过严厉的批判会在其中遭受冷眼的哲学文化，这种文化有很深的等级秩序：那些等级较低的人不可以质疑等级较高的人。这是错误的理想栖息地。

一个听起来很对的口号是：讨论应该是建构性的，而不应该是解构性的。这虽然是老生常谈，但请想象一下，我们告诉城市规划者，他们应该一直盖房子，并且永远都不要拆除。那么，当空间供不应求，到处充满着糟糕的房子时，情况会怎样呢？在哲学中，好的观点和糟糕的观点要相互竞争注意力，因为注意力的供给是有限度的。当然，如果说讨论应该是解构性的，而不是建构性的，那么这个口号就更加糟糕了。因此，如果我们要更好地理解什么样的讨论将最能帮助我们正确地回答哲学问题，我们就需要超越这样简单的口号。

—————— 2. 对抗性哲学 ——————

用对抗性的制度解决法律上的纠纷是一个有帮助的比喻。每一方都有一位辩护律师，极力和有效地为其案子进行辩护。在刑事审判中，也会有控方和辩方。这就是在有分歧的情况下获取真相的一种普遍的形式。这样做的目的就是要确保每一方都得到公平的听证。要使这一形式正常运作，每一方必须有位有能力胜任的代表，这些代表愿意，也有能力发现并呈现出有利的证据和论辩。这个制度具有很明显的短板，例如，当一方的代表比另一方的代表更有能力时。但是，它比单一的调查法官制有更多优点。因为，即使是最公正的法官，他仍然是人，可能会得出不成熟的结论，失去寻求其他调查路径的动力，因此而错失真相。这个对抗性的制度就是被精心设计为论辩的每一方提供充足的动力。类似的设计同样适用于哲学的争论。虽然律师们所辩护的一方会付给他们薪资，而哲学家们通常为理智上的同情而辩护，但两种人都有强烈的动机以进行更好的辩护。

同辩方和控方的律师那样，哲学家们也常常为其他人认为已经注定的败局而辩护。这些辩护的理由是不同的，一种典型的原因是：他们变得过于依赖自己的理念。但这并不是哲学家的特质——这是一个自然人的特质。用更夸张的溢美之词形容都不为过的伟大的物理学家马克斯·普朗克（Max Planck）说过：在科学中，真理的压倒性胜利并不是因为对手输了，而是因为他们死了。这样的固执并不全是坏事，它可以确保理念获得了克服批判的每一次机会，而不是任由其不成熟。当两位资深的哲学家将声望置于危险之中，在公开场合为一些问题相互争辩时，通常情况下，他们显然永远无法说服对方。即便如此，只要在观众席上还有未受束缚的中立学生在思考和判断两位哲学家谁的论证更佳，那就不算是浪费时间。

有时候，哲学家甚至更像律师，会代表他们并不真的相信的理念，为之辩护，只是因为他们认为它值得被认真地对待。

法律的这种比喻使我们想起，在对抗性和非对抗性的制度中，法庭的案例常常会结束于不公正的裁决。这其中的挑战在于，在程序上发现一些具体的改变，以减少诸如此类的裁决发生的可能性——仅仅说法庭必须建设性地改进是不会带来什么帮助的。类似的，在哲学的论辩中，错误有时也会压倒真理。而其中的挑战就在于，在程序上发现具体的改变，以使得此类结果发生的可能性减少。我希望我能知道如何面对这种挑战。

这种对抗性的制度要求法官或是陪审团在双方之间做出判决以结束案件。不同于法庭上，在哲学中不需要急切地做出决定，但是只要其中有任何东西扮演了法官和陪审团的角色，那它就是哲学家们更广泛的共同体。扮演这种角色的第一个要求就是，能够仔细倾听各方所说的观点；第二个要求就是，要理解论证的规则。我知道有很多哲学共同体在这两个方面做得很好——尽管还不是很完美。因为这样的优点是很珍贵的，每一代人都倾向于从他们的前辈那里学习这些优点。当然，它们绝不是哲学所独有的。教育从本质上就偏好教授仔细地专注于所说的东西这种能力。同样的，在任何学科中，教育和经验都在培养该学科所特有的理解各种类型的论证规则的能力，例如，在数学案例中的数学证明规则。在哲学上，由于人与人之间的争论发挥着重要的作用，哲学家们倾向于对其根本性的规则拥有非同寻常的灵敏理解，也就不足为奇了。

当仔细倾听和理解论证规则在一个共同体中得到普及时，威逼、恐吓以及诡辩是典型的达不到预期目标的行为，因为这会使逞凶者看起来很蠢。而相应的，对那些有好的观点的人也是一个更好的激励，因为他们会被倾听。

当然，也存在这样的担忧：你认为好的观点，它可能最终被其他人证明是糟糕的观点。这样的担忧在某个层面并不是坏事，因为它会带来一种自我批判的能力和一种对他人理智的尊重。但是，过于担忧则会使人麻木。哲学家们在经历过仔细倾听和对论证规则的应用后，会认识到哲学工作的艰难，也会认识到哲学家，甚至是最好的哲学家犯错又是多么容易。因此，哲学家们会对批判某人失误采取谨慎的态度。

说一种哲学文化鼓励人与人之间的竞争而不是合作，就像是说一个国际象棋俱乐部鼓励的是竞争而不是合作一样。这种对比虽然粗浅，但也有些道理。国际象棋是一种竞争性游戏，只有在一方输掉的时候另一方获胜；但是俱乐部本身却是一个成员们相互合作的机构，甚至是一盘棋也会涉及棋手之间的合作，因为他们都是出于愉悦、荣誉或提高棋艺而想要下棋。类似的，虽然在哲学的争论中有赢家和输家，但是哲学机构却是哲学家们相互合作的事业，甚至是一场哲学争论也会涉及争论者之间的合作，因为双方都想要争辩观点。事实上，虽然国际象棋并不像哲学那样将知识视为首要目标，但国际象棋这个游戏可以增长知识：例如，什么样的位置可以让黑棋获胜。类似的，哲学的争论也可以增长知识，至少可以了解到哪一个哲学立场是站得住脚的。在一场争论中，即使双方仍有分歧，但他们最终可能都改进了各自的理论。

3. 逻辑游戏

　　人与人之间的争论作为一种哲学的媒介并不是

　　　　　哲学是怎样炼成的

什么新鲜事。在中世纪的经院哲学中，口头的争论被形式化为一种拉丁语的游戏——obligationes[1]，与国际象棋一样有着正式的规则。一方必须为一种命题辩护，而另一方反对这个命题，两者都遵循中世纪逻辑学的严格规则，其中大部分规则在今天仍被认为是有效的。每一方都必须清楚地表明哪些前提（假设）他们可以接受，哪些前提他们要驳回。他们可能会区分出一个前提的几种含义，接受其中一部分，驳回其他部分。一些有声望的人将充当仲裁者的角色，以确保这些辩论规则被恰当地应用。这个游戏的精神仍被现代哲学家所承认，即使这些规则的细节看起来限制过多，因为现代逻辑已经确认了许多有效的推理形式，而这些形式已不可能还原为中世纪逻辑研究的形式。

这里有一个运用规则的逻辑游戏与现代逻辑学紧密相关。它涉及两个典型的角色——一个辩护方和一个攻击方，以及一个辩论的命题（如果你想看更详细的内容，参见方框 1）。如果这个命题是正确的，辩护方就有了获胜的策略；如果这个命题是错误的，

---

[1] 意思是"义务"，与道德伦理上的义务无关，指的是一种中世纪经院哲学的辩论形式，指有义务遵守规则。——编者注

大学教授们的一场关于幸福定义的争辩，学生们是观众。出自
13世纪巴黎的一本评述亚里士多德的著作《尼各马可伦理学》
的副本。

　　　　　　　　哲学是怎样炼成的

攻击方就有了获胜的策略。而如果论辩双方都使出了最好的策略，命题是正确的，辩护方获胜；命题是错误的，攻击方获胜。这个游戏的结果符合命题的真值（truth-value）。这类游戏表明，游戏和探求真理之间的一种普遍的对立是很幼稚的，因为这样的规则被设计出来完全是为了服务于对真理的探求。

方框 1　逻辑游戏中的规则

如果辩论中的命题是"每个事物都是如此这般的"，攻击方选择反对，给予它一个名称"N"。这个游戏以"N 是如此这般的"作为辩论中新的命题继续进行（"如此这般的"可以是任何东西，例如"绿色的"）。攻击方如此选择是因为，要表明"每个"这样的命题是错误的，只要获取一个反例就可以了，而攻击方就是这个要找到它的人。

如果辩论中的命题是"某些事物是如此这般的"，辩护者选择一个对象，给予它一个名称"N"。这个游戏以"N 是如此这般的"作为辩论中的新

命题继续进行。辩护方如此选择是因为，只要获取一个例子表明"某些"这一命题是正确的就可以了，而辩护方就是这个要找到它的人。

如果辩论中的命题是"A且B"，攻击方选择"A"或者选择"B"。游戏以攻击方的选择作为辩论中的新命题继续进行（"A"和"B"可能是任何陈述，例如"下雨"和"好冷"）。攻击方如此选择是因为，只要获取一个错误的组成成分就能表明一个"且"的命题是错误的，而攻击方就是这个要找到它的人。

如果辩论中的命题是"A或者B"，辩护方选择"A"或者选择"B"。游戏以辩护方的选择作为辩论中的新命题继续进行。辩护方如此选择是因为，只要获取一个正确的组成成分就能表明一个"或者"的命题是正确的，而这位辩护方就是这个要找到它的人。

如果辩论中的命题是"非A"，辩护方和攻击方互相交换角色。游戏以"A"作为辩论中的新命题继续进行（例如，如果"A"是"正在下雨"，"非A"就是"没有下雨"）。双方互换角色的理由是，"非A"的正确等于"A"的错误，而"非A"的错误等于"A"的正确，因此，"非A"的辩护方应攻击"A"，而"非A"的攻击方应辩护"A"。

辩论中的每一步都在简化命题的逻辑复杂性。或早或晚，这个游戏会达到一个点，争论的东西是一个逻辑简单的命题。这假设了这样的命题可以通过观察而被证明正确或错误。如果它是正确的，辩护方获胜；如果它是错误的，攻击方获胜。

当然，大部分的哲学讨论远没有逻辑游戏这样的形式化结构。尽管如此，这类游戏仍提供了在适当的情况下，一种对抗性的架构如何服务于探求真理的好模型。

―――――――― **4. 对话** ――――――――

以不太正式的术语描述，表现哲学争论和问答交互的自然书写形式就是对话。它也是哲学书写的最古老的形式之一。柏拉图的对话集仍然是这种体裁的例子中最为著名和最有感召力的。尽管如此，柏拉图其实表达过对用文字书写哲学的反对，因为人们不可能通过一本书参与到问答中。而书写对话或许是退而求其次的方法。

希腊人倾向于在问答的形式中引出哲学的悖论，而当代的哲学家则会从似是而非的前提中呈现出这种荒谬的推理。举一个连锁悖论的例子，它展示了充分应用模糊的词语带来的尖锐难题。希腊人以一系列长长的问题和回答来体现：

问：10 000 粒谷子能堆成谷堆吗？

答：能。

问：9999 粒谷子能堆成谷堆吗？

答：能。

问：9998 粒谷子能堆成谷堆吗？

以此类推，原则上，可以一直问到：

问：0 粒谷子能堆成谷堆吗？

人们有种要沦陷的感觉。要回答这种每个问题都不相同的系列问题中的任何一个，似乎都要将模糊的单词"堆"视作比它实际上的意思更精确的单词。然而，给予这个系列中的所有问题以相同的回答是荒谬的，因为回答"能"显然对于第一个问题是正确的，而对于最后一个问题是错误的。人们无论怎么回答，看起来都很傻。相比较而言，现代哲学家把这个悖论表述为一个演绎论证，它有两个貌似合理的前提：

大前提：对于每一个数字 n，如果 n+1 粒谷子能堆成谷堆，那么 n 粒谷子就能堆成谷堆。

小前提：10 000 粒谷子能堆成谷堆。

如此，他们展示了如何一步步推理至荒谬：

结论：0 粒谷子能堆成谷堆。

这两种论证的方式看上去似乎区别不大，但是它呈现出希腊人是如何把研究哲学当作一种人与人之间的活动，而不是单个人的活动。

柏拉图并不会把自己当作其对话中的一个人物，于是他的老师苏格拉底出现了。最初，他是作为历史上的人物苏格拉底的模型出现的。在后期的对话中，柏拉图是将苏格拉底或其他人物作为他自己的多位代言人。但柏拉图会一直注意保持距离，这样，他就可以在不完全投入的情况下试验理念。其他的哲学家也曾选择这种对话形式，通过非正式地认同最接近他们自己思想的人物，来表达一些对他们而言太过危险而不适合公开支持的观点。即使在现在已被划分为自然科学的领域，伽利略也曾撰写了他的著作《两大世界体系的对话》（*Dialogue Concerning the Two Chief World Systems*，1632），用对话的方式让自己与被视为异端的哥白尼的新天文学——日心说——保持距离的同时，仍显示出它相对于传统的亚里士多德和托勒密的地心说的优势。但他这个花招失败了：论证的获胜方在他的笔下太明显了。因此，罗马天主教会把这本书列为禁书并监禁了他。大卫·休谟（David Hume，1711—1776）在《自然宗教对话录》（*Dialogues*

Concerning Natural Religion，1779）中，在隐藏他的颠覆性赞同上要做得稍微好一些，他表达了对上帝存在的怀疑。由于被怀疑为无神论者，他被爱丁堡大学拒绝，未能获得哲学教授的教职。爱丁堡大学选择了一位不太杰出的候选人。莱布尼茨和乔治·贝克莱（George Berkeley，1685—1753）也曾以对话形式撰写其重要的著作。由于观点更接近宗教正统，他们可以清楚地表明自己认同哪一个角色，虽然结果是失去了戏剧性的张力。

一般而言，哲学对话并不是看上去那样形式多元：它有各种不同的人物，但只有一位作者。说得难听些，它就是一场口技表演者与其傀儡之间的对话。在当代哲学中，对话仅仅扮演次要的角色。逻辑公式和脚注在对话的文体中显得局促不安。尽管如此，这种形式依然保留了其重要的优势。在一种说明的目的上，它以一种生动的、令人难忘的、结构清晰的方式体现了不同观点之间的互动。读者的情绪更容易被想象中的人物之间的争论调动，而不是抽象理论间的逻辑不一致。

但是，哲学不正是要求一种理性的、客观的、非情绪化的冷静态度吗？从心理学上而言，这是不切合实际的。甚至在科学上，人们也会在拥有强烈动机时表现得最好。强烈的好奇心也是一种情绪。当你不关心问题的哪种答案是正确的时候，你就不会警惕它们之间细微的逻辑差别。如果你喜欢一个角色而不喜欢另一个角色时，你就会仔细观察他们对话中的潜在威胁或机会。你感觉到的这些情绪可能向你显露了一直伴随着你的潜藏的哲学本能。当学科文化奖励优秀的工作而不是糟糕的工作，奖励有效的论证而不是无效的论证时，即使是那些竞争性、对抗性、有野心的不怎么令人愉快的情绪，也可以在自然科学和哲学中被利用以起到建设性的作用。我们也看到了在哲学的论证中这是如何可能的。

对话作为哲学研究的一种媒介仍然有用。有时候，比起认为对方是错误的，双方更认为另一方的理论是荒谬的。因此，人们无法从一种中立的立场来详细解释这些理论，因为要详细解释一个理论，需要以这个理论有道理为前提。在这种情况下，最好是让每一方都为自己辩护，这实际上就是对话的形式。举一个例子，在当前盛行的哲学逻辑中，有"概括绝对主义者"（generality absolutists）和"概括相对主义者"（generality relativists）之间的争论。前者认为"应无限制条件地概括绝对的一切"；后者认为"无论概括了多少东西，都会继续概括更多"。[1] 每一方都认为另一方的话语在以某种方式自我毁灭，都没有达到他们各自想要达成的那种理念。

由于缺少一场恰当的对话，在呈现了自己的观点后，用自己的回答来回应某些潜在的反对意见，这是非常普遍的。它是一种假想的与读者的对话："如果你有兴趣反对，那这就是我的答复。"这通常有助于恰当地澄清这个观点所意指的，以及它并不涉及的。

怀疑论的讨论通常集中于与一位怀疑论者的虚构对话。当代的认识论学者非常关注思维的常识方法的脆弱性，以及与持怀疑态度的反对者的交谈。他们在下面这样的小型对话中将其戏剧化：

---

[1] "概括绝对主义"与"概括相对主义"是涉及逻辑学、形而上学、数学哲学、语言哲学的争论。在任何理论都会涉及普遍性、概括性的情况下，关于"绝对的一切"的概念究竟是可扩展的，还是可直接获取的，概括性的绝对主义与相对主义又如何面对罗素悖论，这些都是二者的争论内容。引自牛津大学讲师詹姆斯·斯塔德（James Studd）的观点。——编者注

玛丽：你对这个动物园里的动物知之甚少。

约翰：这不公平！我知道这个笼子里的动物是一匹斑马。

玛丽：你所知道的是，它只是一只被巧妙地画成斑马模样的骡子。这个动物园很可能经费紧张。

约翰：我想你是对的。我错了。毕竟，我不知道这是一匹斑马。

玛丽接下来可以提议：约翰甚至都不知道他是醒着的，因为他所知道的就是他睡着了，正梦见自己在动物园里。

约翰所处的这种困境也表明了对话中的某些危险。难道他不应该向玛丽的观点让步吗？如果他说："别说了！你所知道的和我一样，它就是一匹斑马。"他听上去有些教条和迟钝。一旦你的对话者已经提出一种可能性，你就有了对话的压力，需要你严肃认真地对待，而不是抛之脑后。这位怀疑论者无情地利用这样的礼节，切断了非怀疑论者脚踏实地的根据。哲学的文化通过对诸种离奇可能性不同寻常的容忍态度支持着这些怀疑的步伐。

约翰可以如此答复玛丽:"说得好! 但是对于当下的实际情形而言,如果你不介意,我将只能假设我知道这就是一匹斑马。"这听起来更有礼貌、更温和。但实际上,这只会成为一种不严肃对待玛丽观点的更圆滑的方式,就如同玛丽这样回答:"事实上,我介意。"如果你真的不愿意提出你的对话伙伴所不认同的假设,那么,你就是在把可怕的力量交给他们以支配你自己的思想。怀疑论者只会因太过高兴而没有利用这种力量将你拖入怀疑论的陷阱之中。你最好小心你所对话的人。

第四章

透过澄清术语看本质

1. 取决于所指

　　一位登山向导曾告诉我，有一次，他与一位用度数表示温度的客户进行了一段令人沮丧的对话。向导问："这个度是华氏度还是摄氏度？"这个人回答："你是什么意思？度就是度。"不管向导怎么向他解释这两种单位之间有多大的差别，这个人总是重复"度就是度"。他感觉这样才是踏实安全的。对他来说，任何企图质疑他无谓的重复的行为，听起来都像是一场骗局。但有时候，要取得进展，我们必须澄清我们的术语。

　　如果你问一位哲学家："你是否有自由意志？"你不可能获得"有"或"没有"这样直接的回答。相反，你可能被告知："这取决于你的'自由意志'所指。如果你问的是:'你的决定是不是你行为的原因？'无疑，通常是这样的。如果你问的是:'是否你的行为取决于独立自存的原因？'当然不是。你的决定是被你的信念和欲望引起的，而这些信念和欲望都有其各自的原因，以此类推。"如果你觉得你的"自由意志"还意指其他的某种东西，这位哲学家将与你讨论其他的某种东西可能是什么。

C.E.M. 乔德（C.E.M. Joad, 1891—1953），哲学家，知名媒体人，
20 世纪 40 年代的风格。

20 世纪中期，英国广播电台的著名人物之一是
一位哲学教授——C.E.M. 乔德。他是流行节目《智囊
团》（*The Brains Trust*）栏目组成员。他以回答听众
问题的一句开场白而闻名："一切都取决于你所意指

的……"这让人们对哲学家的刻板印象，从问"你怎么知道"变成了"你是什么意思"。这就是 20 世纪哲学的流行趋势，通常被称为语言学转向（见后文）。

许多哲学家都希望通过澄清术语、少些争论的方式来进行哲学研究，从徒劳无益的、僵持不下的论证中逃离出来。有时，这些争论仅仅是字面意义上的。如果一个人说："温度是 0 度。"而另一个人说："不，温度是 32 度。"他们可能认为彼此之间有分歧，但如果第一个发言者意指的是摄氏度，而第二个发言者意指的是华氏度，那这个问题在根本上是一致的。类似的，当哲学家 A 说："我们有自由意志。"而哲学家 B 说："我们没有自由意志。"如果他们各自的"自由意志"意指的是不同的东西，那么这个字面意义上的争论现象很可能掩盖了根本上的一致。如果注意到了词意模糊的问题，我们可以通过将术语分开以阐释其不同的意思来解决（如果我们想不到更好的方式）：例如用"A-自由"阐释 A 所意指的；用"B-自由"阐释 B 所意指的。如此一来，A 和 B 两者都可以愉快地说："我们有 A-自由意志，但没有 B-自由意志。"这样就不会出现分歧了，每一方都获得了他想要的。

如果我们不得不决定一个词所意指的，某一个定义可能会比另一个更有用，但并不会更正确。例如，在数学中，将"质数"定义为不能适用于数字1很方便，但就算做出相反的决定也不会导致错误的定理，只会导致措辞上的不同而已。根据鲁道夫·卡尔纳普（Rudolf Carnap，1891—1970）的思想，当哲学家提出一个听起来很深刻的关于现实的本质的理论问题，例如："数字实际存在吗？"对于科学的目的而言，真正关键的实际性问题是：言说哪种语言将是最富有成效的？如果科学家使用一种理论化的语言，这种语言中的"数字"一词在逻辑上类似于"行星"一词，这会对他们的工作有帮助吗？有些语言可能比其他语言表达的意思更多，但更广阔的表达力在带来益处的同时也需要付出代价：它可能产生难以操纵的复杂性。

对于路德维希·维特根斯坦（Ludwig Wittgenstein，1889—1951）来说，哲学疑难之所以出现，是因为我们的日常语言将我们拖入了困惑的深处。例如，在适当的名称"多瑙河"和数值术语"数字7"之间，语法暗示了一种误导性的类比，诱导我们认为数字正如河流这类客观事物一样，只不过更抽象些。于是，我们就会想知道，我们如何能够思考那些并不实际存在的事物。但是，进一步的探究揭示了"7"和"多瑙河"之间的类比是如何被打破的。"他打断了7次"是有意义的；"他打断了多瑙河次"就没有意义了。

很显然，卡尔纳普和维特根斯坦感兴趣的并不是6个字母的单词"number"本身。把它翻译成另一种语言中的另一个单词，这些问题中的大部分仍将存在。这一点通常会被这样表达：重要的不是"数字"这个词，而是"数字"这个概念。不同的词可能表达相同的概念，或者具有相同的意义。对于他们来说，哲学追问的是概念上的问题，而不仅仅是字面上的问题。哲学是澄清概念，梳理概念上的混乱。20世纪，许多哲学家持有这样的观点，现在仍有一些哲学家在坚持。自然而然，这样的观点在实践中影响着他们如何研究哲学。

如果澄清概念是对哲学的工作说明，那么它就还有一些有用的事情可做，而不是试图毫无希望地与科学竞争。在这种图景中，哲学家会把概念整理得井井有条，而其他人会把这些概念应用到实际工作中。

这种图景似乎也合法化了哲学研究的这种脱离实际的方式，以及解释了为什么哲学家们不需要走出去观察世界或做实验。因为，他们已经通过自己表达概念的语言能力，在调查中掌握了这些概念；可能是一种自然语言诸如英语或汉语，或者一种由清晰的规则定义的人工符号。这并不像从外部来学习一门外语那样。

在实践中，这种语言学或概念上的转向使得减少哲学争论的希望破灭。辨别出人们自己的语言中尚未言明的诸规则，被证明是非常困难的。如果你曾经帮助某人学习你的母语，你可能已经有了这方面的经验：你知道他们说的话听起来很不对劲，却无法向他们解释他们到底违反了什么规则。再三猜测这些规则也总是错误的，甚至受过训练的语言学家做出的猜测也会出错。虽然如此，他们也通常比在语言学上没有受过训练的人做得要好，有时候，他们是通过将你的母语与其他语言比较。然而，在理解人们的母语规则上取得重大进展源于脱离实际，这并不是一种完全合适的方法。如果我们从描述词语在当前是如何使用的，转向描述词语在未来如何使用会有帮助，这件事也同样富有争议，因为，人们对其后的影响和是否能取得改进这类问题有分歧。

举一个例子：最近，关于"妇女（woman）"这个词，产生了激烈的争论。这个词的标准定义是生物学意义上的：妇女是指一个成年的女性人类。但是，妇女的社会角色——在受教育、拥有财产、拥有投票权等方面的道德和法定的权利；对她们在性、婚姻、抚养子女、事业等方面的行为的传统期待——是什么样的？这些难道与"妇女"这个概念无关吗？是什么影响了她们实际的社会地位，或者她们扮演的刻板印象？如果是后者，那么，当一个社会的人，比如英国，在谈论另一个社会的妇女时，比如巴基斯坦，会发生什么？难道不是对英国妇女的刻板印象，或者对巴基斯坦妇女的刻板印象在影响着人们吗？那么，关于当前有影响力的一个观念：成为一个妇女，就是愿意把"妇女"这个术语用在自己身上呢？"妇女"这个概念是什么，或者"妇女"这个词现在所表达的是什么，这不是一个容易回答的问题。至于这个词的未来用法，任何一种提议都将是爆炸性的。考虑一下，一个生物学意义上的男性，认为自己是一个妇女：如果这个提议表明，我们应该称这个人为"妇女"，这将激怒很多人；如果它表明，我们不应该称这个人为"妇女"，这同样将激怒其他的人。让权威人士告诉普通民众，他们应该如何使用像"妇女"这样的日常词语，这一想法也是富有争议的。善意的教授倾向于想象语言改革是由像他们这样的人领导的，但在实践中，重新定义术语的趋向很可能支持了更多危险的动因，例如，当重新定义"严刑拷打"以排除水刑时。在政治上，热衷于进行语言改革的人更容易被操纵。

尽管如此，词语有时仍需要被澄清。这适用于所有的研究形式，而不仅仅是哲学。例如，物理学家区分了"质量"这个词的两种意思：相对论质量（relativistic mass）和静止质量（proper mass）。混淆两种意思将会导致明显的错误。类似的，使用"封建主义"一词的历史学家澄清了他们如何理解这个词，因为有些社会在某些时期被一种定义称为"封建社会"，而不是另一种定义。物理学家和历史学家都没有等待哲学家为他们澄清定义。对澄清的需要，就如他们对学科发展的需要一样，是显而易见的。这就产生了一个问题：澄清概念在哲学中是否扮演了特殊的角色？还是说，它是否或多或少只是扮演了和澄清概念在其他所有的严格的探究形式中一样的角色?

探究歧义可能在哲学上起到了比它在其他任何的研究分支中更大和更系统性的作用,文学批评或许例外。哲学家受到训练以警惕歧义。但是,到目前为止,这只有警惕程度上的差异,而不是类别上的差异。对于物理学家或历史学家来说,解决"质量"或"封建主义"的含义不清晰是他们在主要研究前的准备工作,就像在外科手术前清洁手术刀一样。对于哲学家来说,一个令人惊奇的主张是,如此之类的澄清并不是他们在主要研究前的准备工作,其本身就是主要的研究工作。这个主张是正确的吗?

澄清"质量"的需要,源于物理学理论的发展,特别是因为爱因斯坦的狭义相对论。澄清"封建主义"的需要,源于历史学的发展——更详细地分析更多时期的更多社会。如果哲学所有的工作就是澄清,那么,哲学家的澄清需要应该来自哪里呢? 如果他们只是澄清先前的哲学,那么,废除哲学难道不是更便利、更简单吗? 这样就没哲学需要被澄清了。即使人们时不时地误入哲学思考,他们也不必为此付出代价,纳税人辛辛苦苦赚来的钱也不会被浪费。

我们可能永远都无法期望让我们的词语完美地精确。因为，为了使一个词语更精确，我们必须使用其他的词语，而这些词语本身就在某种程度上是模糊的，并且其模糊性将影响我们的澄清。模糊性有时可以被削减，但是它永远都不可能从语言或思想中被杜绝。澄清的努力应该集中于那些有特殊需求的地方，这种需求可以是理论上或是实践上的。澄清"质量"和"封建主义"就是特殊的理论需求，澄清的实践需求的一个例子是在法律上。一项简单地反对在公共场所制造"大规模骚乱"的法律将是无法实行的，因为"大规模骚乱"是如此模糊。"大规模骚乱"的标准必须把这个术语阐述得更清楚（虽然不可能完美的清楚），以使其可以作为一项有效的法律被使用。将概念澄清与这样的实践或理论需求的关系切断，是无意义的。

哲学迷恋概念澄清有时表明，它给予我们的是理解，而不是知识。但是，这是一种错误的二分法。如果你不知道天空为什么是蓝色的这一知识，你也就不能理解天空为什么是蓝色的。正如，你了解了更多——获得了更多的知识——汉尼拔如何让他的大象穿越阿尔卑斯山，你就能更多地理解他是如何让它们穿越的。没有增加知识却增进了理解，这个想法是一种幻想，这种幻想无论多么诱人，在哲学上和在其他地方都是一样的。

在维特根斯坦的影响下，常常有些哲学家致力于从事纯粹的概念澄清工作，不受理论活动的污染，例如提出有待未来的证据予以证实或证伪的超前假设。他们认为，与哲学相比，这类假设－检验的形式是自然科学的特点。他们的态度容易导致一种独特的教条主义风格的哲学，因为他们的哲学观念阻碍他们合理地承认，对他们自己的哲学论证进行敏锐的挑战的可能性，尤其是他们由此出发的这些前提。如果一个人认为自己只是在解决混淆，这个人将倾向于认为反对自己的努力的人是混乱的。

这里举一个例子：有些数学哲学家坚持，他们研究的数学对象，例如数字或集合，并不在时间或空间之中，但如在时空之中的任何事物那样真实。这个观点被称为柏拉图主义（platonism，这个单词用小写的"p"来拼写，是因为柏拉图主义者在细节上并不设法追随柏拉图），因为它类似于柏拉图的抽象形式的理论。在现代柏拉图主义者中，最著名的人物就是库尔特·哥德尔（Kurt Gödel，1906—1978），他是有史以来最伟大的逻辑学家之一。那些视自己的工作为诊断混淆的哲学家经常指责柏拉图主义者混淆了像"数字7"或"空集"这样的数学术语的所指，使这类术语的所指与时间和空间中的客观物体，如"多瑙河"或"空盒子"看起来是同样的事物。他们的诊断是，这是柏拉图主义者的天真假设，由于我们使用了"多瑙河"和"空盒子"来指称客观物体，我们一定也能使用"数字7"和"空集"来指称对象。做出这种居高临下的诊断的人，典型地对逻辑学和数学的了解远比他们所驳斥的柏拉图主义者少。无论如何，这个证据并不能支持他们的诊断，大部分柏拉图主义者并不会因为语言的类比而被迫接受他们的观点。相反，像哥德尔那样，他们接受柏拉图主义，是因为他们发现它对于数学家所做的事情的最好的解释是关键性的。不论柏拉图主义是正确的还是错误的，它并不仅仅建立在混淆的基础之上。

──────────── **2. 概念与观念** ────────────

混淆的概念本身是混乱的吗？概念的概念式澄

清本身需要被澄清吗？这个根本性的问题在于，它用了一个概念的概念；或者说，用"概念"这个词将其置入了非循环。这部分的难点就如"妇女"这个词。两个人如何用"妇女"这个词来表达相同的概念？当我还是一个学生时，我第一次知道了哲学家希拉里·帕特南（Hilary Putnam），我想当然地认为希拉里·帕特南是个妇女——我遇到的每一位希拉里都是女性。当我后来发现希拉里·帕特南是一位男士时，我对"妇女"的概念改变了吗？或者只是稍稍的改变？我通过"妇女"所指的某种东西不同了吗？如果用一个词表达出的信念，其每一个不同都对它的所指产生影响，那么对于两个人来说，要通过一个词表达相同的意思将是非常困难的，或者对于一个人来说，在不短的时间内，要通过一个词表达相同的意思也是非常困难的。在我的口袋里是否有一支圆珠笔，这一点我知道；但你不知道：这是否意味着我们对于"圆珠笔"所意指的东西并不完全相同？如果我们把所有这类信息都堆砌到概念之中，我们就不能在概念和非概念之间做出有用性的区分。这将逐渐破坏一种理念，即哲学的特殊性在于，它追问的是概念上的问题。

我们有时需要划分出概念（concepts）和观念（conceptions）之间的区别。概念更像是词典上的定义。例如，词典上可能把单词"vixen（雌狐）"定义为"雌性的狐狸"，因此，雌狐的概念就是雌性的狐狸的概念（我手中的这本词典也给予了"vixen"另一种定义，即"泼妇"，这又是另一个概念）。与之相比，你关于"雌狐"的观念会包括你使用这个词所表达的所有信念（在某种意义上）。与"雌狐"的概念不同，我的"雌狐"观念包括一只雌狐生活在我的花棚里这一信念。词典是用于概念的，百科全书则用于观念。如果我们像这样把概念和观念区别开，那么，概念式的问题就是特别的，因为它关注的是定义。澄清人们的概念就是定义他们的术语。

区分概念和观念有一个好处是，它解释了知识如何在人与人之间交流，以及随着时间的推移，知识如何得以保存。观念是个人的、短暂的，但是定义是共享的、稳定的。"雌狐"被定义为"雌性的狐狸"已经有几个世纪了，并且被成千上万的英语使用者所共享。

概念即是定义这种观点，也巩固了哲学是概念的分析这种观点。如果雌狐的概念就是雌性的狐狸的概念，那么，我们可以分析雌狐的概念是雌性的概念和狐狸的概念两者的一种结合。当然，哲学家们对"雌狐"的概念并不是特别有兴趣，但他们确实希望找到更多哲学上的核心概念的分析，像知识、所指和因果关系。

然而，这种词典定义的模式并不能带我们走得更远。甚至，像"红色"这类的颜色词，我们对它们的日常理解与词典上的定义并没有太多的关联，它们与我们的识别能力有关，即当我们看到红色的例子时，我们有能力识别其中的红色。大部分的词是这样的：没有人会通过知道定义来理解"猫""椅子"或"铜币"。就算你不能识别出一只鸬鹚，你仍然能够使用"鸬鹚"一词，因为你是英语使用者群体中的一员，而这个群体中的有些人比你更有鉴别力。作为有能力的英语使用者，我们可以理解哲学上让人有兴趣的词语，像"认识""所指"以及"原因"，但并不是通过它们词典风格的定义知道的。哲学家们试图提供这类定义，却有着长期失败的记录。尽管如此，我们仍然能够分辨出知道钥匙在哪儿和不知道之间的区别，或者"bank"这个单词所指的河岸和金融机构之间的区别，或者造成窗户破裂的原因和使窗户不破裂的原因之间的区别。

大部分概念爱好者已经意识到了词典定义模式的不充分性。然而，他们仍然把概念式的真理与其他的非概念式的真理区别开来，即使它们已是必然。例如，"红色的事物是有颜色的"，这表达的是一种概念式的真理，而这种联系已经以某种方式被建构进我们的红色的概念和有颜色的概念之中。与之相对，在一个孤立的共同体中，人们能够通过观察识别出鲸鱼，但是每个人都假设它们只是一种超级巨大的鱼，"鲸鱼是哺乳动物"并没有表达一种概念式的真理，因为这个关联没有被建构进他们的概念之中，即使它确实是一种哺乳动物，即使这实际上是鲸鱼本性中的必然部分。如果哲学的关注伴随着概念式真理，这可能有助于解释为什么哲学的研究是脱离实际的。

我们如何判断一个真理是否为概念式真理呢？一个想法是：如果一个句子表达了一种概念式的真理，每一个理解它的人都将接受它。例如，我们这个共同体中的每一个理解"红色的事物是有颜色的"的人，都同意这句话，反之，在这个想象的共同体中的人们就不赞同"鲸鱼是哺乳动物"。但是，普遍的赞同是一个过高的标准，以至于无法帮助概念爱好者。例如，一位聪明的以英语为母语的言说者可能用惯常的方式学会了词语"红色的"和"有颜色的"，但是后来，"有颜色的"这个词被种族主义组织玷污，以至于不能正确地适用于任何事物。这位言说者拒绝称呼任何事物是"有颜色的"，她不再赞同"红色的事物是有颜色的"。一旦她逐渐习惯她的新观点，她就会本能地拒绝它。但是，她并没有失去对这个句子的理解；当其他的言说者以日常方式使用"有颜色的"一词时，她理解起来也不会有任何困难。如果在大型的英语使用者的共同体中有这样一个异议者，那么"红色的事物是有颜色的"就无法获得普遍的赞同。我们可以为任何候选的概念式真理建构出相似的例子，但尚不清楚能否在概念式真理和非概念式真理之间做出任何有用的区分。

------- **3. 澄清与理论化** -------

幸运的是，澄清的价值并不取决于概念和非概

念事项之间的任何区别。再想想数学，它是人类的探究中最清晰和最精确的分支学科。数学家通常使用各种明确的定义。但是，如果你反向追踪他们的定义链，你总是会到达未定义的术语——它们的定义并不会原地绕圈或无限延伸。在现代数学中，这些未被定义的术语典型地属于集合论，即标准框架。在数学上，一个主要的未定义术语是 $\in$，是集合关系的符号：公式 $x \in y$ 指的是，x（可以是数字 7）属于集合 y（可以是质数的集合）。"属于"或"集合"就没有标准的数学定义。一些入门性的教材在模糊不清地把它们表达为日常琐碎的收集以及如此之类的东西的同时，也承认这样的类比是不恰当的：集邮中的邮票必须是在一种与数学无关的意义上被收集在一起的。但是，这种定义的缺乏对数学来说不是问题。因为，数学家们有强大的集合理论，关于有什么集合，这些公理给予了充分的信息。例如，一个公理指出，对于每一个集合来说，都有一个集合，其成员就是第一个集合的子集；一个公理指出，存在一个有无限多成员的集合；还有一个公理指出，具有相同成员的集合是同一的；等等。对于大部分数学上的目的而言，这种理论给数学家提供了他们所需要的关于集合的清晰而严格的推理。这些公理似乎是合理的，但是，还不能明确地认为它们可以被算作概念式真理。在理解它们所指的同时仍然质疑它们，这也是非常合理的，虽然，现代数学的成功对于这些理论是一个很好的证据。

某些人试图把集合论的这些公理转变成"集论结构"（set-theoretic structure）这种定义术语。这是指，一个结构，如果它遵循集合论的所有公理，它就是"集论结构"。但这个尝试是没有意义的，因为，为了让这样一种定义在数学家那里生效，将需要一种结构理论，这看起来非常像是伪装的集合论。这并不会在数学上取得任何进步。

如同哲学的例子，基础数学远比词典更有用。我们需要清晰推理的东西，并不是琐碎的"定义式真理"，而是一种牢固且明确的、可以紧密交织在一起的理论。对于清晰程度的要求，其目的不在于不容置疑的神话式的标准。更确切地说，它的意义在于使我们推理中的错误清晰可见，就如同在数学中一样。如果你听到有人否认清晰度的价值，就问问你自己：为什么他们不想让推理中的错误清晰地显现出来？

第五章

哲学点睛：思想实验

想象一下，某人看到远处有什么东西像是正冒着烟。他认为："那边着火了。"他是正确的，那边确实有火。但这是一个陷阱。这场火还没有开始冒烟，它被点着只是为了烤肉。他真正看到的东西是一团苍蝇，它们闻到了肉香，所以聚集了起来。他知道那边着火了吗？他其实是相信那边着火了，而且他所信为真，因为那边确实有火。他的相信看起来很合理，从某种意义上来说，大部分理性的人站在他的立场上，拥有他的证据，都会形成相同的信念。但他并不真正知道那边着火了。毕竟，他只是侥幸蒙对了。也许，这群苍蝇甚至在这团火被点着之前就聚集到一起了。因此，一个信念可能既是合理的又是正确的，但并不等于就是知识。

这个例子来自法上（Dharmottara，约740—800），他是一位活动于克什米尔地区的佛教哲学家。他用这个例子来展示一些关于知识本质的重要东西。然而，他的著作对于欧洲和美国的哲学家而言并不出名。20世纪50年代，对知识的分析标准是确证的（合理的）

真信念。当时，美国哲学家埃德蒙·葛梯尔（Edmund Gettier）完全独立于法上，也提出了相似的事例。1963年，他在发表的一篇短文中，用这个事例反驳了知识的分析标准。结果引起了认识论，即关于知识的理论革命。一个大问题出现了：既然知识不仅仅是确证的真信念，那么它还包括什么？有几十个备选答案被提出。一个接一个，它们也成了这种反例的牺牲品。对知识的尝试性分析被迫变得越来越复杂，反例也变得越来越复杂。也许，我们不应该通过让信念加上真实性，再加上其他的因素来分析知识，因为知识在某种程度上比信念更加基础。

这样的插曲表明，哲学可以被事例启发和引导到什么程度。一种理论可以听起来貌似合理，甚至乍一听还很吸引人，甚至对那些聪明的、受过高等训练的思想家来说也是如此——然而，却在面临一个适当的反例时，崩溃了。如果没有遇到那些难以反驳的事例，我们就不会正确地检测我们的理论。我们毫无批判性地接受它们，这让生活对我们来说太容易了。

哲学中许多反例的一个显著特征是，它们都是想象出来的。我不知道法上是否真的在现实中目睹或听到了像故事中的这个人所描述的案例。关键是：这不重要。我们必须想象这种例子，即使它并不是真的。就算这样的一个事例从来没有发生过，但它仍然有可能会发生。这就是我们要表明的全部，即合理的真信念对于知识来说是不够的，而没有知识的合理真信念是可能的。如果某人申请到大范围的许可，可以在现实生活中设计出法上式的事例，并且欺骗人们认为"那边着火了"，那只会浪费钱财，因为这个例子的教训已经很清楚了。你不必总是造就一些现实的事例以表明它是可能的。我从来没有整堂课都拿着根香蕉，但是我知道，我能够做得到。

法上的例子就是一个思想实验。我们可以想象一个合理真信念的欺骗性例子。这一靶子式的哲学理论预知，它将是一个知识的例子。但是，独立于这个理论，它明显不是一个知识的例子。因此，这个理论是错误的。

思想实验在最近的道德哲学的发展中也起到了重要的作用。例如，麻省理工学院的朱迪丝·贾维斯·汤姆森（Judith Jarvis Thomson）设计了一个著名的实验以挑战下面这种论证：如果一个胎儿是一个人，那么，他就有生命权，并且堕胎就是错误的。在1971年的一篇文章中，她把一位怀孕妇女的这种境况与一个想象的例子相比较：你醒来，发现你与一位伟大的小提琴家背靠着背，他的血液循环系统已经接入你的血液循环系统，因此你的肾脏净化着他的血液，也净化着你自己的。是音乐爱好者协会绑架了你，因为这是从一场可怕的肾脏疾病中拯救这位伟大的小提琴家生命的唯一办法，没有任何其他的人有完全匹配的血液类型。如果他的循环系统能够长期（也许是数年）接入你的循环系统，他就会康复；否则，他将会死去。毫无疑问，这位小提琴家是一个人，并且因此他有生命权。但是，这难道意味着，你有道德上的义务让他接入你的循环系统直到他得以康复吗？虽然一个异常无私的人可能会同意这么做，但是，你是否有权利说："很遗憾，我还有自己的生命要过活，并且，我不愿意以我生命中如此大的代价来拯救你的生命，因此我会让医生拔掉你接入的循环系统。"如果这样的回应可以被允许，尽管小提琴家有生命权，为什么就不能允许一位母亲堕胎，就算胎儿有生命权呢？当然，很多的哲学家已经看出汤姆森的例子和堕胎的例子之间，在道德上有重要的差别，但是她的思想实验还是通过表明，仅仅承认胎儿是一个人并不能解决堕胎的道德问题，而得以将争论推进。如同法上的例子，汤姆森的例子是想象出来的，但这一事实并没有弱化她的关键点。因为，在现实生活中复制这个例子不仅是不道德的，而且这个例子也不会澄清这些道德问题。

──────── **2. 思想实验和现实生活实验** ────────

虽然思想实验被广泛使用，但它们可能听起来像是欺骗。毕竟，物理学家就必须做实验，并且观察结果。对于他们来说，仅仅是在想象中做他们的实验，在想象中观察实验的结果，那是不够的。哲学家怎么就能不做实验，坐在他们的扶手椅上想象一切结果呢？

一部分答案是，哲学的各种理论通常主张某种普遍化是必需的：它坚持对所有可能的情况普遍化，而不仅仅是对所有现实的情况普遍化。例如，葛梯尔曾批判的是这类哲学家：他们指出，没有合理的真信念就不可能有知识，或者没有知识就不可能有合理的真信念；如果他面对的是更为谦逊的哲学家，他们会指出，没有合理的真信念就没有现实的知识，或者没有知识就没有合理的真信念。那么，要驳倒这些哲学家，就需要创造出一个现实的人，这个人真正地没有知识，却具有一种合理的真信念。就哲学而言，关于所有可能情况的主张往往比局限于实际情况的主张更有启发性，因为前者更能说明问题的根本性质，例如知识。与之相比，对现实情况的普遍化，其正确性可能仅仅是通过误打误撞的幸运巧合造就的。一枚均匀的硬币可能在所有的实际抛掷中都是正面朝上的，但不可能在所有想象的抛掷中如此。

另一部分答案是，物理学家也和哲学家一样运用思想实验。在批判"重的物体比轻的物体降落得快"这个理论时，伽利略使用了一个思想实验来挑战它。在这个思想实验中，一个重的物体和一个轻的物体被一根绳子绑在一起，从塔上落下：当这根绳子被拉紧时，较轻的物体应该可以帮助较重的物体减速，然而，它们在一起也形成了一个更重的物体，根据这个理论，这个物体下降的速度应该比两种物体都要快。爱因斯坦也受到了一个思想实验的启发：如果他骑在一束光上，他会看到什么？

通过反思一种理论——任何一种理论，哲学的、物理学的，诸如此类——如何被检验，我们能够思考得更深入。要恰当地检验理论，我们必须推算它的结果，预测各种可能的情况，但这样的场景有无数种。例如，有无限多可能的粒子排列，要物理学家去担忧；有无限多可能的与道德相关的复杂问题，要哲学家去担忧；等等。很明显，没有人能够独立地思考每一种可能的情况。而作为对理论的检验，它们中的许多将毫无意义，因为无法预测出任何有趣之处。想出一个能够很好地对理论进行检验的场景是一项棘手的艺术，因为这需要预测出场景的关键之处。如果这个理论的场景预测被证明是正确的，对于这个理论，这就是一个严格的证据；如果场景的预测被证明是错误的，这就是反对这个理论的严格证据。想出这种可能的场景，并且推算出关于它的预测，这已经是一种思想实验。低估找出合适场景的困难是很容易的，因为，一旦它们被提出来，它们就可能很容易被理解。通常，关键就在于一开始想出这些场景。

下一步就是要检验想象的场景对理论的预测是

否正确。在自然科学中，有名的做法是实现这种可能的情况以及观察结果。换句话说，做一项现实生活中的实验。伽利略在比萨斜塔上投下质量不同的球，并观察它们是否同时落地，可能只是个虚构的故事，但是其他的科学家很快就开始做类似的实验了。然而，实现想象的场景并不是检验它对理论的预测的唯一方式。我们需要的是某种可靠的方法，独立于这个理论，来判断预测是否正确。一旦我们想象出了相关的场景，这可能是相当容易的。例如，不依赖于任何哲学理论的知识，人类有某种在切合实际的情况中辨认出知识和无知之间的差别的能力——举例来说，你知道谁知道今天早上你什么时候起床，以及谁不知道。我们能够把这种能力应用到法上切合实际的思想实验中，去辨认它不是一个知识的例子。实现他想象的场景是不必要的。

　　某些思想实验实现起来比别的思想实验更容易：伽利略的实验要执行起来就很容易；法上的实验涉及更复杂详细的场景，但仍然是可以实现的；汤姆森的实验就要求先进的医疗科学；而爱因斯坦的实验在物理上是不可能的，毕竟人不可能骑着一束光。

有些哲学家的思想实验比法上和汤姆森的要深远得多。裘格斯（Gyges）的魔戒能够使戴着它的人在他需要的任何时候隐形。柏拉图用它来探究，如果人们不用恐惧因自己的犯罪行为而被捕和被惩罚，人们会有怎样的表现。他试图表明，精神不能被简化为物质。当代澳大利亚哲学家大卫·查默斯（David Chalmers）论证了僵尸存在的可能性，它们就是我们的分子对分子的复制品，尽管如此，与我们不同的是，它们没有意识经验：在它们的领域内，一切都是黑暗的。它们与我们之间的差别，不是物理意义上的差别。

如果一个思想实验仅仅被用作一种刺激性的精神上的练习，那么这种场景的不可能性可能就是无害的。也许，柏拉图的隐形魔戒和爱因斯坦的骑着光束的例子就是这种。但是，当一种思想实验被用来严格反对一种理论时，这种场景是否可能就变得很重要了。例如，如果某种不一致性隐藏在法上的故事背后，它将无法驳倒"合理的真信念是知识"这种理论。如果僵尸是完全不可能的，查默斯也不能用它来反对将精神简化为物质这类理论。

大卫·查默斯和他的"孪生"僵尸

———— 3. 凭想象认识 ————

我们如何知道一种场景是否可能呢？当我读到法上的故事时，我想象我看到了远处冒着烟，然后走近看到，肉在新点燃的火上嗞嗞作响，成群的苍蝇在周围嗡嗡作响，等等。这样的事显然会发生。那么，僵尸的事会发生吗？当然，我能够想象某种东西从外表上看确实像大卫·查默斯，正坐在电脑前写一本叫作《有意识的心灵》(*The Conscious Mind*)的书。但是，要把它当作查默斯的僵尸"双胞胎"，而不是查默斯本人，我还必须想象它没有任何意识经验。我不能从其内心去想象，因为在这个意义上，僵尸没有内心。

它的脑袋里有灰质，却没有意识的观点。如果我想象黑暗，我又不能想象拥有黑暗的意识经验，因为这正是僵尸所缺乏的。从外表来看，我只需要对自己说："它没有意识经验。"这只要稍微想象一下就知道了。然而，许多哲学家否认这种僵尸的可能性。他们坚持认为，查默斯的分子对分子的复制品就如原型一样是有意识的。虽然僵尸的定义在逻辑上是一致的，但这不足以使得僵尸在事实上可能。在"你是数字7"这个假设中，没有纯粹的逻辑矛盾，但它仍然是不可能的。没有数字可以成为你。也许在僵尸的假设中，存在一种类似的非逻辑的不可能性。

有时候，要判断哪种假设是可能的、哪种假设是不可能的会很困难。这就是某些思想实验的问题，但不是所有思想实验的问题。法上的故事的这种可能性是不容置疑的。通过适当想象，我们知道它是可能的。同样，通过我们的想象力，我们可以学会更多的东西。关键是，在这样一种场景中，我们终于了解到，这个合理地和正确地相信那边着火的人，并不真的知道那边着火了。

首先，这种通过想象认知的观念可能听起来很疯狂。知识难道不是与事实相关，而想象难道不是与虚构相关吗？但是，这种对想象的刻板印象过于简单了。人类这个物种进化出这样一种复杂的心理上的能力，并不只是为了满足我们的幻想。当你仔细思考它时，你会意识到，好的想象力会带来各种各样的实践上的回报。例如，它提醒我们注意未来的可能情况，让我们能够提前为此做准备——提防危险，并利用各种机会。如果你进入一片森林，想象力会告诉你，可能有狼出没，但也可能有可以食用的浆果，这就需要你留心了。如果你遇到问题，你的想象力可以暗示各种可能的解决方案，例如，穿过这条将你和你的目的地隔开的河流的各种不同的方法。

当我们要在多种不同的行动路线之间做出选择时，我们通常会使用我们的想象力。例如，如果你必须在几个可以过夜的地方做出选择，你可以先想象在其中的每一个地方过夜的感觉会怎样，并且据此做出决定。当试错太过危险时，想象尤其有用。假如有一断壁悬崖阻碍了你旅途的行进方向，谨慎的选择是绕道而行，这样会很安全，但会让你的旅行额外增加一天。如果你有能力，最好是攀登这个悬崖，因为这能节省时间和精力。最坏的可能是，试图攀登悬崖，但是失败了：幸运的话，你将返回到你的出发之地；不幸的话，你将摔下去，重伤或死亡。要解决你的两难境地，你可以从一定的距离考察这个悬崖，看看你是否能想象出一条通达顶峰的路线：一步一步，慢慢移动，你要试图想象你自己正在攀爬，观察你是否总会遇到你可能克服不了的障碍。当然，你也可以想象奇迹般地出现了一架舒适的梯子，但这是毫无意义的，因为你知道，在这种环境下不可能会有梯子出现。与之相反，我们有能力进行更现实性的想象，即对在这种情况下真正会发生的事情保持敏感。通过这种现实性的想象，你可以了解到，你是否能攀登这个悬崖，以及你是否能取得成功。你需要这类知识，以在绕道而行和试图攀爬悬崖之间做出明智的选择。

实际上，一个好的想象并不会产生很多种可能性；太多的可能会让你无法思考。与之相反，它只会产生几种可能性，这对你进行思考是最有用的——对实际上的可能性也是最有用的。这样的想象力会增加你的幸存机会。预测未来就与这种能力紧密相连。如果你看到有人要踏上一座摇摇晃晃的桥，你可能预测桥将崩塌。即使没有人走这座桥，你也可以想象你自己这样做，预测到它将崩塌，从而决定不去尝试，并因此救了自己一命。长期来看，可能是进化的压力提高了这种想象练习的准确性和可靠性。

想象是我们了解诸种假设的可能性的最基本方式。因此，我们用它来做各种思想实验。它们不是怪诞的、自我放纵的，仅仅是哲学家和其他一些有怪癖的人才会做的事情。只有最愚蠢的动物才不去思考各种假设的可能。当我们这样做时，我们通常是通过使用我们的想象力，以正常人类的方式去做。思想实验只是这个流程中的一种更复杂、细致和反思性的版本，以服务于某种理论探究。没有它，人类的思想将会一贫如洗。

———————— **4. 直觉与否** ————————

不幸的是，一些哲学家用听起来比其实际上更加超乎寻常和神秘的方式来描述哲学思想实验。当我们判断，法上故事中的这个人不知道那边着火了，他们就说我们依赖于一种直觉，即直觉他不知道那边着火了。"直觉"听上去像某种奇怪的内在神谕，从深处引导或误导着我们。

要弄清楚这一切，第一步就是要注意，这种"直觉"并不受限于想象。如我们看到的，当想象一种假想的场景或观察现实生活中相同类型的场景时，我们是否判断"他不知道"并没有什么差别；这在哲学上的结果是相同的。根据"直觉"拥趸的观点，我们依赖于一种"他不知道"的直觉，即便我们是在对现实生活中的例子进行判断。更重要的是，根据他们的观点，我们不仅用直觉对付那些棘手的例子，也用它对付无聊的、直截了当的、日常的例子。例如，当你判断你在街上经过的一个陌生人是否知道你正在走路时，他不知道你的口袋里是否有硬币。因此，判断的条件是否恰好是某位哲学家感兴趣的，这也无关紧要。当你判断你看到的这个陌生人穿着得体时，你依赖的仍然是直觉。

难道所有的判断都依赖于直觉吗？这可能使直觉的范畴太过宽泛和任意，以至于没有用处。一些哲学家试图缩小这种范畴，他们提出：直觉判断（建立在直觉基础上的判断）不是从证据推断出来的。但是这个限制有些冒险，过于缩小了这种范畴。在一个现实生活中的法上的例子里，这种所谓的直觉判断"他不知道那边着火了"，是建立在证据的基础上，就如同他把一群苍蝇误认为是冒烟的事实。在相应的想象事例下，同样的判断在想象过程中也有相似的依据。如果以这种方式为基础做出的判断可以算作从证据中推断出来的，那么，在思想实验中的关键性判断就是从证据中推断出来的，因此不能算作直觉。

更有操作性的是，直觉的拥趸们通过指出直觉思维并不是建立在一种推理的意识过程之上，从而缩小了这种范畴。因此，当我直接判断法上故事中的"他不知道"，我的判断属于直觉。因为，就算这其中有一种推理的过程，我也没有意识到它。与之相反，当我用笔和纸写出很长的数学计算时，我意识到了这个推理过程，因此我的答案就不属于直觉。以这种方式在直觉判断和非直觉判断之间划出界限，导致了一个意味深长的结果：所有的非直觉思维都依赖于直觉思维。因为，如果非直觉思维通过其所建基的意识推理过程，不断地往回追溯，人们迟早会抵达其自身并未建基在意识推理过程之上的思维，而这种思维就是直觉思维。结果是，哲学所依赖的直觉思维表明，哲学并无特殊，因为一切思维都依赖于直觉思维。当物理学家经过严格推理的意识过程，进行计算并运用观察时，他们仍然依赖于直觉思维，因为即使是他们的思维，也必须从某处开始。这并不是说他们的思维就是无理性的，这恰恰意味着至少某些直觉思维是理性思维的一部分。

最近，有一些哲学家论证：哲学家不应该依赖于直觉；还有一些哲学家论证：哲学家并未依赖于直觉。这场争论建立在"直觉"应该是什么的困惑之上。然而，大部分人赞同，如果哲学家依赖于直觉，那么，当他们对思想实验，如"他不知道"进行裁决时，他们也是依赖于直觉的。但是，当他们试图表明这些裁决的特殊之处是什么时，正如我们所看到的，他们提出了一种人类都在依赖的思维。因此，无论是哲学家不应该依赖于直觉，还是哲学家并未依赖于直觉，这两种观点都无法取得成功。

当然，这并不意味着所有的"直觉性的"思维都是合理的。其中，有一些直觉是偏执的、教条的以及完全错误的。如果人们对现实生活中的事例的判断被偏见扭曲，那么，这种偏见也可能把人们对思想实验的判断扭曲。例如，在现实生活中对动物遭受的痛苦漠不关心的人，当他在考虑动物遭受的痛苦的思想实验时，很可能表现出相同的态度。

5. 偏见影响

最近，对于哲学思想实验的可靠性的很多怀疑，都可以回溯到 21 世纪初哲学家所做的现实生活的实验上。他们给予许多不是哲学家的人一些标准的思想实验，并且要求他们判断。诸种结果似乎表明，对一些思想实验，具有东亚文化背景的人与具有欧洲文化背景的人给出了不同的回应，并且，女人的回应与男人的回应也不相同。在严重依赖思想实验的哲学传统中，他们主要凭借的是白人的判断，但是为什么白人对思想实验的判断应该比非白人的更好呢？或者为什么男人对思想实验的判断应该比女人更好呢？

然而最近，这类实验已经被重复做了很多次，更加仔细，也有了更多训练有素的心理学家的参与。现在，景象已经非常不同了。这些不同种族或不同性别的人之间的统计差异，已经趋于消失。那些早期发现的差异似乎是由于实验对象的选择方式和给出的情景等方面存在非常微妙的扭曲导致的结果——心理学家的专业能力就是去发现这种容易被忽视的复杂因素，但是哲学家不能。现在的情况是，新的证据显露出，我们对于哲学思想实验的反应的根本方式，更多地与我们人类共同的认知能力有关，而不是种族和性别。这一点，我在章节开始的思想实验中举例了：法上是一位8世纪克什米尔地区的佛教徒；我是21世纪英国的非宗教人士；朱迪丝·贾维斯·汤姆森是一位女士，我是一位男士。尽管如此，我发现他们的思想实验很有说服力。

我们的论证还没有结束，毕竟，即使所有人都赞同某件事，这也并不会使得它就是正确的。例如，如果所有人都赞同人类是这个宇宙中最聪明的生物，这也并不意味着，我们真的是宇宙中最聪明的生物。如果我们对一项思想实验都做出了相同的裁决，而这个裁决是错误的呢？尽管我们在评估思想实验时使用想象力的方式往往是可靠的，但由于前面讨论过的原因，没有理由期望它是100%可靠的，甚至可能完全相反。我们在判断现实生活的事例上时常犯错，为什么我们在判断思想实验时就能免于犯错呢？但这并不是不再运用思想实验的理由，因为所有人类的能力都是容易犯错误的。确切地说，它是分散我们的赌注的一个理由，让我们不要只是依赖思想实验。如果我们也运用其他的方法，这些方法可以帮助我们抓住在判断思想实验时偶尔犯的错误，即使这些错误是全体物种都有的。开发有证据支持的系统化的普遍性理论是一个很好的方法。如果我们要开发一种关于任何行星上生命发展的可能性的系统化普遍理论，并有证据支持，那么，我们可能会意识到，我们有多么不可能是宇宙中最聪明的生物。

从长远来看，认知科学，包括被称为"X-phi"（experimental philosophy，实验哲学）[1]的运动，可能会弄清楚人类思维中的固有偏见，并且因此帮助我们抵抗自己和其他人身上的偏见。这种希望并不局限于哲学上的偏见，哲学上的思维也与其他学科中的思维

---

[1] 实验哲学是一个新兴的哲学研究领域。它通常利用通过调查收集的经验数据来探究普通人的直觉，从而为哲学问题的研究提供信息。这种对经验数据的使用被普遍认为与主要依赖于先验论证的哲学方法相反。——编者注

一样。我们的任何固有的偏见，其扭曲结果只显现在哲学上，而不显现在其他任何的研究领域中，这是绝对不可能的。

第六章

理论比较探求方法

1. 万物理论

哲学的诸理论，像其他的理论一样，都是对问题的回答。当然，我们很少通过把简单问题的答案称为理论来抬高它们："面包刀在哪里？""那边。"但是，在谋杀案件的调查中，侦探们可能形成这样一种理论，即这把失踪的面包刀就在附近的树林里。科学家的问题通常要更加普遍，而哲学家的问题则是所有问题中最为普遍的。

在我们对哲学和自然科学做出区分之前，人们会问："世界是由什么构成的？"泰勒斯（Thales，活跃在约公元前600年）——一般被认为是第一位希腊哲学家——回答道："水。"一个紧密相关的问题是：是否万物都是由物质构成的？简言之："万物都是物质的吗？"对这个问题予以肯定的理论是唯物主义。在古希腊、古印度和古代中国都有一些唯物主义哲学家。而近代的唯物主义者则有托马斯·霍布斯（Thomas Hobbes，1588—1679）和卡尔·马克思（Karl Marx，1818—1883）等人。

严格地解释，唯物主义与现代科学是不一致的。

现代科学认为电磁场、时空以及其他一些东西并不是真的就是物质的。在当代哲学中，唯物主义也因此被物理主义取代。物理主义声称：万物是物理的——"物理"在这里意味着物理定律掌管一切，包括电磁场和时空，也包括物质。物理主义者声称：世界就是物理学所描述的那样；就是这样，没有别的了。当然，他们并不是认为今日的物理学就是最终的话语。物理学会继续发展；当前的理论无疑会以各种不同的方式被证明是不完备和不正确的，并且未来会被其他更好的理论所取代。物理主义者考虑到了这样的发展，因为"物理学定律"对他们而言并不意味着"今日的物理学家所认为的物理学定律"。在现代的哲学家当中，一位重要的物理主义者就是威拉德·范奥尔曼·蒯因（Willard Van Orman Quine，1908—2000）。

你可能会惊讶，为什么物理主义属于哲学，而不属于物理学？这是因为，在理论的说明上，"万物"这一概念的整体普遍性。例如，如果有数字，那么"万物"包括它们，所以物理主义意味着数字是物理的。如果有精神，那么"万物"也包括它们，因此物理主义意味着精神是物理的。但是，"数字是物理的吗？"或"精神是物理的吗？"都不是物理学的问题。物理学本身的数学和实验的方法并不回答这些问题，也并不能告诉我们超出它们的范围之外是否还有问题和答案，要努力解决这些问题的人是哲学家。

不管物理主义是正确的还是错误的，它都是我们对生活在其中的世界的理解，是对这个世界的核心问题的一种回答，包括对我们自己。现实中还有比物理学或自然科学更普遍的东西需要被发掘吗？虽然物理学家可以不担心这些问题，继续从事物理学研究，但是，如果我们从来不思考它，人文学科作为一个整体将是可悲、冷漠以及缺乏反思的。仅仅是模糊的好奇是不够的，难道我们不应该至少试图回答它吗？当然，任何人对物理主义都可以说"是"或"否"，而我们需要的是给予一种答案以超过其他答案的好理由。一旦我们追寻它，我们就是在做哲学了。从来不与哲学理论打交道的生活，也不会是充分反思或探究的生活。

—————— 2. 用思想实验检验理论 ——————

思想实验可以被用来检验哲学理论。例如，查默斯关于僵尸的思想实验就是对物理主义的一种挑战。当某天早上你带着意识经验醒来，你是什么样的感受？物理主义意味着任何经验都是物理的。一些物理主义者将会通过说明，你大脑里的经验是一种复杂模式的神经元放电式的物理事件来解释这一点。而完全相似的物理事件将会在你的"孪生"僵尸大脑里发生，神经元会以完全相同的模式放电。但是，你拥有的是早上醒来的意识经验，根据这个定义，你的"孪生"僵尸没有。你是什么样的感受，并不意味着它将会有什么样的感受，因为僵尸什么都不会感受到。因此，查默斯论证道，你的意识经验与你脑子里的物理事件是不同的。通过将论证普遍化，你的意识经验不同于任何物理事件。这就是物理主义理论的一个反例——某种非物理的东西。所以，查默斯认为物理主义是错误的，并予以拒绝。

物理主义者如何回应这个僵尸论证呢？他们通常论证道，僵尸的这种可能性明显是一种幻觉。你醒来的意识经验只是你脑子里的物理事件；而意识经验和大脑中的物理事件不能单独存在。因此，你的"孪生"僵尸是不可能的。但是，在查默斯的例子中，当我们试图想象僵尸时，为什么它似乎是可能的呢？

一个物理主义者或许会这样解释为什么僵尸似乎是可能的。想象某事发生在某人身上，有两种方式：我们可以从内部，从这个人的观点的角度去想象它；或者从外部，从外在的观察者的观点角度去想象。例如，当我从内部想象某人醒来时，我可以想象一种模糊困惑的感觉，一种平躺着的感觉，以及不情愿地想着"我醒了"。与之相反，当我从外部来想象某人醒来时，我可以想象，我看见了一个身体在这个房间的另一边晃动，并且我可能如释重负地想着"她醒了"。很明显，我们可以用两种方式的其中一种想象，而不是其他方式。所以，我们能够从外部想象某人醒来，而不是从内部想象。我们甚至可以在现场增加脑部扫描仪记录下她脑子里的事件。最后，我们还可以增加话语描述："她什么都感觉不到；她没有意识经验；她是一个僵尸。"但是，物理主义者论证道，这并不能够使你知道僵尸真正地可能：即使意识经验只是大脑活动，你也仍然只能从外部想象而不能从内部想象。因此，物理主义者把僵尸的这种明显的可能性解释为一种可以预测的幻觉，这种幻觉是被一个事件的两种想象方式之间的错误匹配造就出来的。

反物理主义者不会对此保持沉默。他们中的某些人论证道，如果僵尸真的是不可能的，那么在关于僵尸的想法中就会有一种逻辑上的矛盾，但是我们找不到这种矛盾。

物理主义者可能反驳，并不是所有的不可能性都是逻辑上矛盾的，有些就是事情本身的性质。例如，你不可能是数字 7，即使在你是数字 7 这个想法中没有纯然的逻辑矛盾。争论还在继续。

这个僵尸例子的一个教训就是，我们不应该期待仅仅通过思想实验来从事哲学。因为思想实验表现出来的东西也会引起争论。它们引出了更进一步的问题，例如关于可能性自身的性质，这要求一种更加理论化的讨论。

幸运的是，僵尸的例子并不是典型的哲学思想实验。还有很多其他的思想实验，其结果都达成了共识。它们没有僵尸案例的问题特征，它们利用了两种想象方式之间的不匹配。然而，要避免一种不加批判的接受态度，我们必须注意思想实验的这些问题特征。这就要求，当我们评估它们及其潜在的缺陷时，对我们正在做的事情有一种更加广阔的理论视角。

　　所有这一切听起来都与自然科学通过实验检验理论非常不同。根据这种模式化的过程，一种科学的理论需要预测我们在某一实验中应该观察到的东西。于是，我们做实验并观察。如果观察到的结果与理论预测相符，则该理论得到证实。如果我们观察到的并不是这一理论所预测的，这个理论就会被驳倒。所有这一切听上去都是老生常谈，没有任何围绕着哲学思想实验来来回回地争论。

　　这种模式化的过程大大简化了通过实验检验科学理论的过程。对此，至少有两个理由。

　　第一个理由是，许多科学理论本身根本就不需要可观察到的预测。这些理论被表述为数学上的方程，它太抽象，以至于与观察没有什么直接的关联。要从这样一种理论中获得可观察到的诸种预测，科学家们必须把它与"桥梁"原理结合起来，这些原理可以把抽象的术语与更加具体的、可观察到的预测联系起来。他们也需要关于实验仪器如何运行的一些辅助性的假设，否则，可能无法测量出他们想要的。通常情况下，要做出预测，这些科学家也必须提出各种不同的简单化的假设，它们最好是近似成立；否则，这些计算就太复杂了，甚至对于计算机都太复杂了。因此，如果这个预测被证明是错误的，这个理论也可以不遭受指责。错误可能在于科学家在做出预测时所依赖的其他假设和原理之一，或者可能只是计算出错了。

第二个理由是，在做实验时，各种各样的事情都可能出错。科学家和实验室的技术员是人，有时候，他们会犯错。此外，还有设备故障、样品受到污染等意外。因此，一旦实验在几个不同的实验室被独立地做出来，科学家就更加自信了——也许还是以稍微有些不同的方式进行的，而结果却是相同的。实验被正确地做出来，预测可能就是正确的；实验出错，预测可能就是错误的。

简言之，通过实验检验一种科学理论通常是麻烦、复杂的事情。这些结果通常都没有模式化表达那样固定。

尽管如此，实验仍然是科学知识极其重要的来源。关键就在于获得这种知识是多么艰难和复杂，为往复争论给予了多大的空间。尽管自然科学在现实生活中的实验与在哲学上的思想实验之间有着明显的不同，但它们也有些共同的东西，即它们都为分歧留有空间：它通过不止一种失败的预测来反驳一个理论，以排除下述可能性，即因导致错误而应受到指责的，是某种其他的原因，而不是理论本身。

———— **3. 对立理论** ————

与孤立地检验单一的理论相比，科学家们通常更愿意比较各种对立的理论，那些对同一问题的各种不同的彼此对立的回答。它们中的哪一种能最好地解释证据？同样的情况也发生在哲学中。例如，与孤立地检验物理主义相比，哲学家们更愿将其与各种对立的理论比较。

有人可能会说，一种理论无论什么时候被检验，它都是被检验以反对仅仅是简单地否定第一近似理论的对立理论。例如，爱因斯坦的狭义相对论会被检验以反对反狭义相对论的消极理论，而反狭义相对论仅仅说"狭义相对论是错误的"。类似的，物理主义会被检验以反对反物理主义的消极理论，而它们仅仅说"并不是每个事物都是物理的"。但是，这类消极的理论太低劣了。在否定一种普遍的理论时，它们没有告诉我们哪里出错了。反狭义相对论本身并没有提供另一种对狭义相对论的实验和观察数据的解释。同样的，反物理主义也完全没有积极地说出非物理的事物是什么。粗略地说，一个严格的对立理论应该对相同问题给予不同的回答。在一些棘手的例子中，对立方可能会拒绝第一近似理论回答的某些问题，但是，它也应该解释为什么这些问题要被拒绝。对立的理论应该是内容翔实的。

物理主义的一个翔实的对立理论是二元论，这种理论假定存在两种主要的东西：精神的和物理的。思想是精神的而非物理的；物质是物理的而非精神的。作为一个孩子，使用单词"mental"（精神的）意思是发疯，但是这里，它的意思类似心灵，正如"质料"的意思类似物质。笛卡尔把二元论推到了哲学的核心位置，并且现在这个理论仍然有支持者。

对于物理主义者来说，不赞同二元论主张的某些事物是精神的，这是很难的。毕竟，如果他们试图把精神当作一种幻觉予以驳斥，那么，他们只会失败，因为幻觉本身就是精神。相反，大部分当代的物理主义者接受了思想和情感是精神的，但是他们坚持认为，思想和情感也同样是物理的（如果你需要两者对立的精确图谱，参见方框 2）。

对于僵尸的簇拥者来说，相比于物理主义，二元论对僵尸思想实验更合理：意识经验是某种精神的东西，不是物理的；而你有意识经验，你的"孪生"僵尸则没有。即使这个思想实验最终并没有驳倒物理主义，二元论者仍可以视之为二元论反对物理主义的证据。但是，对于其批判者而言，这个思想实验没有给出视僵尸为可能的理由，所以没有证据支持二元论。

一种比物理主义或二元论更加神秘而怪诞的理论是泛心论，它认为所有的事物都是精神的。笛卡尔之后不久，有两位伟大的哲学家——巴鲁赫·斯宾诺莎（Baruch Spinoza，1632—1677）和莱布尼茨，他们坚持泛心论的思想。根据这样一种观点，甚至是原子都有一种原始的意识形式。今天的大部分哲学都发现泛心论令人难以置信，把意识归于原子似乎是完全没有必要的。

方框2　身和心的诸对立理论

物理主义的主张是：一切事物都是物理的。

二元论则是相互关联的四项主张：

[1] 每一事物要么是精神的，要么是物理的。

[2] 没有什么事物既是精神的又是物理的。

[3] 某些事物是精神的。

[4] 某些事物是物理的。

泛心论的主张是：每一事物都是精神的。

二元论与物理主义不一致。因为[2]和[3]放到一起就表明，不是每一事物都是物理的。因此，物理主义者必须在否定[2]或否定[3]之间做出决定。他们不能同时否定两者，因为否定[3]就意味着接受[2]。

同一论的物理主义者拒绝[2]而接受[3]。他们赞同二元论者的这个主张，即某些事物是精神的，但是他们主张它们也是物理的。他们认为所有精神的事物都是某种物理的东西。

排他性的物理主义者接受[2]而拒绝[3]。

他们赞同二元论者主张的是精神的事物就不是物理的，但是他们主张没有什么事物是精神的。他们排除了精神的东西。

二元论与泛心论不一致。因为[2]和[4]放到一起就表明，不是所有的事物都是精神的。因此，泛心论者必须决定是否定[2]还是否定[4]。他们不可能同时否定两者，因为否定[4]就意味着接受[2]。

同一论的泛心论者拒绝[2]而接受[4]。他们赞同二元论者的这个主张，即某些事物是物理的，但是他们主张它们也是精神的。他们认为所有物理的事物都是某种精神的东西。

排他性的泛心论者接受[2]而拒绝[4]。他们赞同二元论者的这个主张，即是物理的事物就不是精神的，但是他们主张没有什么事物是物理的。他们排除了物理的东西。

同一论的物理主义与同一论的泛心论是一致的。这种结合的观点是，每一事物既是物理的又是精神的。

不像二元论，物理主义和泛心论都有一个统一的范畴，或是物理的或是精神的。与之相反，二元论把实在划分为两个分离的部分：物理的东西和精神的东西。自笛卡尔以来，二元论者都在努力地解释这两个部分是如何联系在一起的。尤其是，精神的事件如何能引起物理的结果，或者物理的事件如何能引起精神的结果。例如，一个小偷在聚会上决定关掉这些灯的精神事件使得她把这些灯关掉了，因此引起了灯被关掉这个物理事件。相应的，这个物理事件导致一位客人想知道为什么这些灯被关掉了的精神事件。对于二元论者来说，精神的东西和物理的东西是如此截然不同，以至于它们之间的日常相互影响看起来是无法解释的。与之相比，物理主义甚至是泛心论有一个优点，即它们都把原因和结果置于一个单一的统一世界中。

物理主义、二元论和泛心论都不是唯一的选择。例如，如果数字和其他的数学对象既不是精神的，也不是物理的，那么这三种理论都必须被修订。

哲学家们也渐次开发出对"精神的"和"物理的"的复杂理解。我也写过精神的"事物"和物理的"事物"的模糊性，但是，最终它取决于问题所涉及的事物类型。它可能是曾经发生在某人身上的一件具体的事情，像我昨天早上感觉很热。或者，它可能是一种普遍的属性，很多人经常有的属性，像感觉热这种属性。一些物理主义的哲学家关注具体的事件，而二元论的哲学家则关注普遍的属性。就当下而言，我们不需要去担忧如此微妙和复杂的问题。我们在这里讨论的目的不是要解决身和心的问题，而是要看哲学上的理论争论是什么样的。

与维特根斯坦和其他的一些人的思想相反，哲学上很少有理论的争论本质上依赖于困惑。毋庸置疑，各种各样的物理主义者、二元论者和泛心论者以不同的方式困惑着。他们争论中的术语可能也需要被澄清。但是，甚至是澄清困惑这样的消极工作也涉及积极的理论化（参见第四章）。而且，我们需要一种积极的理论以更好地解释如何认知、如何思考、如何感觉、如何决定，并像自然科学描述的那样适应这个世界。为了这个目的，诸种对立的理论被提出来。我们需要一种合理的基础以在它们之间做出选择，或者拒绝所有的这些理论。哲学的历史，包括近期的历史表明，一旦困惑被澄清，我们还是要在诸种对立的理论之间做出选择。今天，在哲学上，既有未受困惑的物理主义者，也有未受困惑的二元论者。就如同在自然科学中，坚持一种错误的理论并不会使你困惑，它只会使你错误。

一旦物理主义、二元论和泛心论这场争论之间的困惑被澄清，我们为什么不能把这些都交给自然科学家去解决呢？原则上，他们能够精确地找出，当我们思考、感觉、观察、决定时，我们的脑子里发生了什么。当然，观察精神的事件和物理的事件之间的相互关系是一件事情，假定相互关联的事件之间的同一性又是另一件事情。但是，如果这是解释它们之间相互关系的最好、最经济的方式，那么假定这些精神的事件就是物理的事件，难道不是很好的科学实践吗？谁还为此而需要哲学家呢？

如果你发现僵尸的思想实验令人信服，那么你可能会觉得，如果科学家没有考虑到这一点，他们就错失了某些至关重要的东西。哲学家是应用这些思想实验最多的专业人群。但是，即使僵尸是不可能的，那也没有什么极端的理由把所有的工作都交给自然科学家。因为我们正在追问的并不是某些具体的精神事件，而是非常普遍性的精神事件。

　　精神事件的其中一种类型就是思考 5+7=12。没有规定只有人能思考 5+7=12，即使人类是到目前为止在这个地球上唯一能思考这个问题的生物。也许某一天，未来的生物或精密的机器人中的成员也可以思考这个问题，其他星球上的居住者可能很久以前就在思考。就算人类是宇宙中唯一在思考 5+7=12 的东西（虽然这不太可能），可能也不是唯一能思考的。但是，当机器人或完全不同的生命形式在思考 5+7=12 时，它们内心的活动恐怕与我们内心的活动并没有多少相似之处。它们脑子里的同等物可能完全不同于我们脑子里的东西。当我们在脑海里思考 5+7=12 时，即使科学家能够在物理的意义上识别出一种普遍类型的事件在人们的脑海里进行着，但是，"如果"（已经是一种大写的"如果"）当非人类的思考者在思考 5+7=12 时，这种类型的事件不太可能发生在同等物理意义上的非人类的思考者身上。因此，我们不可能期待这类观察和实验的方法对"思考 5+7=12 意味着什么"这一问题给予一种充分的、普遍的回答。它们不会告诉我们，思考 5+7=12 这种精神类型的事件是否等同于某种物理类型的事件。这种层面上的普遍性问题依然是哲学上的问题。

这并不意味着观察和实验的方法只是简单地与哲学无关的问题。毕竟，如果一个理论对人类的思维是错误的，那么它对所有的思维就不是普遍正确的。而且，我们对人类思维的了解要远多于对任何非人类思维的了解：对于我们人类来说，人类的情况是很自然的出发点，不过，我们希望以一种更加普遍的理论作为结点。要获得这些，我们将需要更多理论的方法。

──────────── **4. 最佳解释推理** ────────────

哲学在两种对立的理论之间做出选择所需要的方法不必与自然科学的更加理论化的方法有太大不同。我们希望理论能最好地解释我们所能得到的任何证据，在此基础上选择理论的方法被称为最佳解释推理，它被广泛应用于自然科学和哲学。

有些人觉得"解释"这个词太过于狭隘了，因为他们把"解释"与通过确认某些事件的起因而解释它为什么发生联系在一起了：并不是所有科学上的

理论解释都是这样做的。例如，艾萨克·牛顿（Isaac
Newton，1643—1727）解释了早先的地球运动定律
（关于地球上的物体）和天体运动定律（关于行星），
认为这两种定律一般而言都是源自更为基本的运动
定律。基本定律并不会引起次级基本的定律，因为定
律不是事件——定律不会发生。牛顿通过把这些次级
基本的定律统一在非常简单但信息丰富的概括之中，

图中信息的最佳解释是什么？

从而解释这些定律。虽然大部分哲学理论都缺乏牛顿定律的数学力量和清晰度，但它们也可以通过相似的标准进行相互比较，例如简单性、信息量、普遍性、统一性以及与证据的符合度等。在理论之间做出选择的这种普遍的方式被称为溯因（abduction）。

自然科学需要溯因推理，因为，从原则上来说，许多竞争的理论都在逻辑上与特定时间内所有观察和实验的有效数据相一致。每当一种合理的理论与这类数据一致时，无数不合理的理论也与之一致。例如，人们认为重力理论是合理的理论，直到下一个理论诞生，在此之后，这一合理的理论就陷入了混乱。我们到目前为止所观察到的所有事件的发生都是在下一个理论诞生之前，因此，这些观察恰恰与这种乱套了的理论相一致，也与合理的理论相一致，因为它们的预测都只是在后来发生的事情上有分歧。在这个意义上，当前的数据不可能在两种理论之间做出分辨。但是，如果科学家不得不严肃对待所有这类疯狂的、毫无意义的复杂理论，自然科学将逐渐停滞不前。还有一个理论的例子是，宇宙是在 6 分钟之前被创造的，包括表面上的记忆和在此时间之前的事件的虚假痕迹，例如恐龙化石。在某种意义上，这个理论解释了所有我们的数据，但是这种解释是一种随意的、武断的、不必要的复杂假设，应该算作一种糟糕的解释。它并不值得被严肃地对待。类似的，哲学家们也不会浪费时间在像是二元论适用于星期天，物理主义适用于这个星期其他的日子，这种随意的、武断的、不必要的复杂理论上。

即使科学家们严肃地对待了两种对立的理论，他们也可能会基于简单性而偏向其中一种理论。它有助于防止一种科学家们知道的过度拟合（overfitting）的危险。这看起来似乎很明显，我们总是偏爱一种能更紧密地拟合数据的理论，而不是不太紧密拟合数据的理论。但是，数据通常都会包含一些随机误差。在实践中，一位总是选取完美拟合数据的方程的科学家，不得不选择非常复杂的方程以拟合实际上并不精确的数据。一旦有了新的数据，他们就被迫转换到新的，甚至更复杂的方程，以拟合新的数据。以此类推，他们总是无法获得稳定的结论，这就是过度拟合。科学家们发现，一种更稳健的策略就是，选择更粗略地拟合数据的简单方程，因为这样做可以减少数据上的不精确带来的脆弱性。

举一个玩具的例子。想象一下，一位科学家每间隔一分钟测量一次数值。她提出了以下的数值序列：

2, 4, 6, 8, 10, 11, 14, 16, 18, 20

每个数字每次增加 2，除了数字 11。她可能取所有这些数字的值，并且提出一些复杂的假设以拟合它们。或者，她可能猜测，她在测量时出错了，本来应该是 12，而不应该是 11，并由此提出了更加简单的假设，即每一次数值都增加 2。前一种策略就是过度拟合，经验表明，这反而容易得出糟糕的结论。后一种策略则更有成效。这不是欺骗，更确切地说，它考虑到了测量过程的不可靠性。

过度拟合也会发生在哲学中。那些太过单一地依赖思想实验进行判断的哲学家提出了复杂的、混乱的理论来拟合所有这些判断。他们必须不断地改变他们的理论以拟合对新的思想实验所进行的诸种判断。他们的理论变得越来越复杂和混乱，无法获得稳定的结论。他们使得自身太过脆弱，以至于很容易受到对思想实验不精确判断的影响。即使他们所进行的这些判断非常可靠，他们也不可能期待万无一失。他们的策略对一些偶然的错误考虑得不够。如果他们更加重视一个理论的简单性，他们将学会对自己关于思想实验进行的裁定更挑剔。虽然哲学需要这类裁定，但也需要一种策略来处理裁定中出现错误的危险。在理论比较中，重视简单性就提供了这样一种策略。

哲学是怎样炼成的

第七章

哲学方法论分析

1. 哲学及其他领域的演绎

许多哲学家骄傲地强调他们并没有独断地坚持他们的观点，他们会论证自己的观点。在一种严格的逻辑意义上，他们通常想到的这种论证就是演绎。演绎论证的结论在逻辑上遵从这些前提，也就是它的假设。肯定前提和否定结论将会在逻辑上不一致。例如：

大前提：或者没有痛苦，或者没有神。

小前提：有痛苦。

结　论：没有神。

无神论的这个论证从演绎论证的角度而言是有效的：如果前提成立，逻辑上推出的结论也成立。能推出这个结论是因为，大前提提供了两个选项，而小前提排除了其中一个选项，因此，只剩下另一个选项。这种特定的论证被称为选言三段论，它是诸多演绎论证的有效形式之一。

不仅哲学家使用演绎，数学的证明就是一连串的演绎。日常生活中的某些推理也是演绎。如果你推理你的钥匙要么在楼上，要么在楼下，并且它不在楼下，所以它一定在楼上，你所依赖的就是选言三段论。根据古希腊哲学家克利西波斯（Chrysippus，约前279—前206）的观点，甚至狗也使用选言三段论。有一天，当他们追捕一只兔子时，他的狗来到一个三岔路口。这只狗首先闻了闻其中的两条路，然后没有继续闻就沿着第三条路跑去。它不需要再闻了，因为它推理："这只兔子要么走这条路或那条路，要么走第三条路，它没有走这条路和那条路，所以它走了第三条路。"

自19世纪中期以来，通过使用精确的人工语言，演绎逻辑取得了突飞猛进的发展。人工语言的公式在逻辑结构上比自然人类语言的句子要更加清晰，像英语和汉语。数理逻辑是数学的一个分支，被广泛地应用于计算机科学。事实上，阿兰·图灵（Alan Turing，1912—1954）和数理逻辑领域的其他人的研究是现代计算机发展的基础。哲学家通常使用现代逻辑进行更为精确和严格的论证，有时候会把论证转换成一种人工语言，这样，对论证的有效性的检验能够更加容易和可靠。这就像在慢镜头回放中等待着看到

1944 年的图灵机

底发生了什么，而不是把判断建立在实时的模糊不清的动作基础上。但是，现代逻辑的一切力量和洞察力基本上源自正常人的简单推理能力。

──────────── **2. 有效性与可靠性** ────────────

当人们称一个论证有效时，不会去判断前提和结论是否正确，只会去排除前提正确而结论是错误的这种情况。一个前提正确并且因此结论正确的有效论证被称为可靠的。因此，如果两个论证具有相互不一致的结论，它们不能都是可靠的，但是它们可能都是有效的。我们来把这一章开头的无神论论证与反对无神论的论证进行比较，也通过选言三段论：

大前提：或者生命没有意义，或者有神。

小前提：生命有意义。

结　论：有神。

在展示的两种论证中，结论的确都是从前提推出的，因此，两种结论都是有效的。但是，它们之中最多只有一个结论是可靠的：不可能既有神又没有神。

在面对两个结论相互不一致而有效的论证时，人们必须评估它们的前提。有些前提是自明的真理。例如，第一个论证的第二个前提"有痛苦"，这是自明的，即使某个地方的人疯狂到否认这种自明的东西。但是，哲学上最有意义的论证至少有一个非自明的前提。例如，示例中的两个论证的第一个前提都是非自明的。于是，哲学家会寻求进一步的论证以支持原初论证的非自明前提，然后，他们还要为那些进一步论证的非自明前提寻找其他的论据，以此类推。这将退回到哪里呢?

用数学来类比可能看上去令人鼓舞。在运算中,例如计算数字0,1,2,3……的理论,人们可以通过长长的证明从非常自明的公理中有效地推导出非常不自明的定理。人们难道不可以寄希望于在哲学上做同样的事情吗?不幸的是,哲学的历史建议我们不要这样做。虽然诸多才华横溢的哲学家已经试图以这种方式确定是否有神存在,但是都以失败告终。经验表明,哲学上其他大部分有趣的问题也是如此。例如,物理主义在逻辑上是一致的,同样的,二元论也是如此,但是,物理主义和二元论两者在逻辑上却相互不一致,因此,单靠逻辑不可能解决它们之间的分歧。在哲学的大部分领域中,我们最渴望理解的那种系统的、深刻的、普遍的理论,也是最不可能从自明的前提中推导出来的。

我们可以降低我们的起始前提的标准。我们可以认为:它们不需要是自明的,只要在某种意义上它们是"直觉的"。但是,如果我们把标准降低到足以从新标准的前提进行有效论证以获得有趣的结论,例如有神论或无神论、二元论或物理主义,那么,我们可以轻易地发现，我们自己又回到了之前为相反的结论而进行的成对论证。关键的任务将又是评估这些前提。那么，我们现在该怎么做来达到目的呢？简言之，哲学方法的这种演绎观念崩溃了。

因此而得出"演绎在哲学上是不重要的"这个观点显然是错误的。哲学家还在继续依赖演绎。但是他们做得最成功的是从理论出发进行演绎，而不是演绎出理论。例如，通过思想实验检验一种理论时，我们通过演绎得出了一幅想象场景的结果。这个理论是一个普遍的概括，它的一个例子说明了当下的情况。我们再来看第五章中的例子：从确证的真信念是知识这一理论出发，我们演绎出这样的结果：如果一个人有一确证的真信念，即那边着火了，那么他也就知道那边着火了。这类似于从理论中（加上其他的一些假设）演绎出可观察的预测的科学方法，然后观察这些预测是否得以实现。虽然自然科学家并不期待从或多或少自明的前提中演绎出他们的理论，但他们仍然严重地依赖于演绎以得出他们理论的结果。通常，这些演绎都采取了数学计算的形式。

从一种科学理论中演绎出结果并不只是出于预

测的目的，它在解释中也起到了关键的作用。例如，要解释为什么行星以椭圆轨道运行，就要涉及从一项叙述运动规律的理论中演绎出这类轨道。哲学的诸理论也有解释性的力量。例如，一些哲学家解释一个精神事件如何可能引起一个物理事件：精神事件就是物理事件，因此，它并不比一个物理事件引起另一个物理事件更成问题。他们是从被称为"同一论物理主义"的理论中进行演绎的（参见第六章的方框2）。在哲学和自然科学中，解释性的演绎，类似于预测性的演绎，二者通常都依赖于额外的背景前提。但是没什么可惊讶的，这与演绎的关键作用相当一致。

有些理论具有很低的演绎能力：很少有什么东西能够从它们那里被演绎出来，这可能有几个方面的原因。一种理论可能是精确的，但过于谨慎。例如，一种理论仅仅指出，"至少有一个事件引起了至少一个其他的事件"，就是相当精确的，但是基本没提供什么信息。而普遍性概括的形式——"一切事物都是如此这般"，显然提供了更多的信息，因为它在逻辑上意指了一个关于我们喜欢的事物的例子："这个事物如此这般"。但是，如果"如此这般"过于模糊，甚至是普遍性的概括也不能告知我们更多的东西呢？想象一下，一位哲学家宣称："一切事物都是存在与生成的综合。"并且，当被问到"存在与生成的综合"意味着什么时，他就会絮叨些无意义的话。这一理论一开始可能听起来令人印象深刻，但是它并没有告诉我们更多的东西，它的结论究竟是什么意思实在太过模糊。这类没有什么信息量的理论具有很低的解释力：它们解释的东西很少。更广泛地说，它们其实没有回答我们的问题。精确的普遍性概括一般具有更强大的演绎和解释力。

钟情于精确的哲学家有时候因过于谨慎而受到批判，甚至由于理智上的懦弱而受到批判。这个观念指的是，真正大胆的哲学家是那些准备投入晦暗的深处，甘冒黑暗中一切风险的人；而那些钟情于精确的人则在清澈的浅滩上玩些琐碎的游戏。这是一幅美好的画面，钟情于模糊的人面对危险的安全梦想。狂野和朦胧的散文诗听起来可能很激进，但它其实是容易、舒适的选择，因为它的不清晰性使得它不可辩驳，它使某人的错误不可能得到确定。而危险的选择则是说出足以被反驳的清楚和具体的东西。

在逻辑上不一致的极端情况中，一个理论也可能具有过强的演绎力。在标准的逻辑中，一个不一致的理论的崩溃是因为：它意指了所有的命题；它不可能始终否认所有东西。（由此，"月亮是用绿色奶酪做成的和月亮不是用绿色奶酪做成的"可以意指"你是教皇"。）看起来它解释了一切事物，而与它不一致的理论则什么也不能解释。由于清晰性放大了演绎力，所以清晰的理论比含糊的理论更有可能导致这场最终的灾难。如果它们能设法避免这种情况，它们将相应地赢得更多的信任。

────── **3. 逻辑与数学中的溯因推理** ──────

考虑到目前为止所说的，在哲学中，演绎的地位看上去非常类似于它在自然科学中的地位。这可能表明，哲学在方法论方面更接近自然科学，而不是数学。在数学中，每一个定理都必须有一个演绎证明。但是，这个结论是不成熟的。因为，甚至是在数学中，每一个证明都依赖于第一原理，它是不用被要求进一步证明就能被接受的原理。如果你从结论往回追溯数学的证明，一步一步，最终你一定会在有限的步骤中获得第一原理，否则，它将是循环或是无限倒退的返回，因此就不是真正的证明。所以，数学证明也依赖某些非演绎的东西，即对第一原理的支持。

数学证明中的第一原理是什么呢？有些是演绎逻辑的原理，既被使用在非数学的推理中，又被用于数学的推理中。例如，可以意指任何个别事例的普遍概括的原理。另外一些是具体的数学原理，例如，无穷性公理，它指的是，有一个无穷的集合，一个成员数无穷多的无穷集合（0，1，2，3……）。

有些哲学家试图摒弃逻辑和数学的这些第一原理，把它们仅仅当作言语的约定，部分地定义了逻辑和数学的词语，例如"每个"和"集合"。然而，这些尝试歪曲了这类词语的使用。例如，无穷性公理不是"集合"一词的部分定义。有穷论者（finitist）否认这个公理，并且坚持认为所有的集合都是有限的。在这样做时，他们不需要曲解"集合"一词或提倡改变这个词的所指。他们可能只是简单地认为，这个公理（带有当前所指）是错误的。如同大部分数学家一样，我认为这个公理是正确的，但是，要坚持认为没有人真正地不赞同，那这样一种"压迫性的宽容"，就会是极权主义的。人类的语言为分歧的意见留下了比这多得多的空间。真理和谬误的真正问题出现在逻辑和数学的诸多基本原理上，正如它们在物理学的基本原理中所出现的问题。这些问题应该被公正地对待，而不是回避。

是什么东西确保我们接受一些逻辑和数学原理，而拒绝其他的原理呢？它们并不都是自明或自证的。尤其是，有一个无穷大的集合，这不是自明或者自证的。另一种更有希望的方案就是，把类似于第六章应用于自然科学和哲学的这种溯因推理的方法应用在评估逻辑和数学的基本理论上——一种最佳解释推理。伯特兰·罗素采取了这个观点，在1907年的一篇论文中，他写了（使用的术语是"归纳"，而不是溯因推理）关于逻辑和数学的第一原理，在此之前，他花了数年时间试图确认它们：

我们倾向于相信这些前提，因为我们能够看到，它们的结果是正确的，并不是因为我们知道前提是正确的而相信结果。但是，从结果推理出前提是归纳的本质，因此，探究数学原理的方法是一种真正的归纳方法，并且它实质上与在其他任何科学中发现的方法相同。

由此，我们接受了无穷性公理，因为我们需要通过一种新的和更为基本的逻辑－数学的理论导出许多早已公认的数学理论，用它去统一数学。罗素的描述，基于他自己的经验，与任何言语的约定或明显的自证相比，它更适合逻辑和数学基础理论的历史发展。

逻辑和数学中的大部分研究都是非基础性的。人们用演绎法证明定理，应用公认的原理和方法，想当然地视之为正确，而不追问它们从何处来。但是，当它们的正确性被质疑时，回答就是溯因推理。因此，把自然科学和哲学描述为溯因推理，而把逻辑和数学描述为演绎式的，这是一种错误的对比。溯因推理在逻辑和数学中也起到一种谨慎但基础性的作用。我们可以把哲学刻画为某种数学和自然科学"之间"的东西，只不过这样做会误导性地表明一种单向度的比较。在溯因推理方面，哲学更接近自然科学，而不是非自然科学的数学。在现实生活的实验方面，哲学更接近数学，而不是自然科学。

溯因推理在逻辑和数学中的基础性作用表明，现实生活的实验对于溯因推理方法本身是无关紧要的，即使它对于很多具体的溯因推理项目的成功至关重要。这是警告不要把溯因推理在哲学中的基础性作用当作将哲学与自然科学同化的一个理由。哲学作为一种系统性的、有序的探究形式，它是一门科学，但不是一门自然科学。

——————— 4. 非中立逻辑 ———————

当哲学家进行演绎论证时，他们通常都应用公认的逻辑或数学的原理和方法，理所当然视之为正确的，而不追问它们从何处而来。这可能助长了这样一种印象，即逻辑是没有自己的哲学承诺的哲学诸理论之间的一位中立裁判员。

这个印象是错误的。所有逻辑上提出的第一原理都会受到哲学根据的挑战，这些挑战可能是错误的，但它们并不是疯狂的。没有任何有趣的意义，诸种第一原理在哲学上一般都是中立的，虽然它们可能在许多具体的哲学争论中被双方所接受。

最为著名的有争议的逻辑原理就是排中律，它是古典（标准）逻辑的一项核心原则。排中律的每个例子都认为，有些事情要么是这样，要么不是这样。这包括关于过去和未来的诸多命题，也包括关于当前的命题。这里有一个排中律的例子：

你明天或者打喷嚏，或者不打喷嚏。

有些哲学家会拒绝这种命题，因为他们认为未来的事情仍然是不确定的。对于他们来说，明天你打喷嚏与否，是开放性的，两种情况都有可能。他们论证："明天你打喷嚏"，现在还不能确定是正确的或错误的；"明天你不打喷嚏"，现在也不能确定是正确的或错误的。因此，"或者……或者……"这整个语句本身不能确定是正确的或错误的。因此他们拒绝了排中律，并且也拒绝了古典逻辑。人们可以在他们的推理中发觉漏洞，但它并不是无理取闹。

传统意义上，违背理性的最大罪过莫过于肯定一个矛盾：你不可能与那些情愿自相矛盾的人进行理性的讨论。但是，有些追溯到古希腊的逻辑悖论使得避免自相矛盾非常困难。例如，克里特的埃庇米尼得斯（Epimenides the Cretan）提出的下面这个命题（称之为"S"）：

这个命题是不正确的。

S 是正确的吗？如果 S 是不正确的，那么，因为这是 S 所说的，所以 S 是正确的。如果 S 是正确的，那么，根据 S 所说的东西，S 是不正确的。无论哪种方式，我们得到的都是一种矛盾，这是大部分的逻辑学家都在极力避免的。但是，有少许所谓的双面真理者（dialetheists），例如格雷厄姆·普里斯特（Graham Priest），他论证道，在这些悖论的例子中，最好的选择就是包含矛盾，因此推断：

S 既是正确的，又是错误的。

我不是双面真理者，但是我从经验中获知，你可以与格雷厄姆·普里斯特进行合理的讨论。为了论证双面真理论，他甚至使用了这里倡导的溯因推理的方法。

在古典逻辑中，一种逻辑上的矛盾隐含的是涵盖一切的全称命题（参见"逻辑与数学中的溯因推理"小节的结尾处）。要承认自身是涵盖一切的全称命题将是很疯狂的，双面真理者并不想走这么远。为了避免它，他们修订了古典逻辑，使它能够确定矛盾影响的局部化，使大部分命题不必遵从它，这样做的方式要求他们拒绝选言三段论。因此，他们会把此前支持和反对无神论的选言三段论看作是逻辑上无效的，即使这些论证不是他们所认为的原理导致人们误入歧途的例子。

可以认为，双面真理者低估了抛弃古典逻辑所付出的代价。由于古典逻辑默默地被应用于整个科学界，抵制它将会产生巨大的连锁反应。双面真理者希望在非矛盾的情况下，只要他们需要，在具体分析的基础上，就可以通过增加额外的假设来恢复其效果："古典逻辑在这种情形下是可以的"。这些假设必须被添加到各种完全正常的科学解释上，在非矛盾的情况下，使它们在不被授予一般有效性的古典逻辑中起作用。用无数额外的由假设构成的科学解释扰乱优雅简洁的科学解释，这会随着时间的推移而削弱科学上所有这些解释的力量。相反，如果人们保留古典逻辑，在其他地方做出调整，人们可以避免如此大范围的解释力的损失。并且，根据第六章概述的理论比较的科学方法，可以达成更好的协定。尽管如此，衡量这些矛盾的竞争性解决方案的代价和效益还是很微妙的。双面真理者可能犯了错误，但是并不是疯狂的错误。

逻辑中最为琐碎的原理之一，就是有着宏大头衔的"同一性的自反性"（the reflexivity of identity）：它说的是一切就是其自身。然而，甚至是"同一性的自反性"也被否认了。有些哲学家认为没有任何东西是自我同一的，因为一切事物总是在变化着，并且，当事物变化时，它们就不是其自身了。他们的论证建立在同一性逻辑和时间逻辑如何相互作用的微妙且并非疯狂的错误上，但结果仍然是：他们否认了"同一性的自反性"。

自然科学的发展已经被用来激发对古典逻辑的修订。希拉里·帕特南和少数其他并非疯狂的哲学家论证道，理解量子力学中某些令人费解的现象的最好办法就是，假定量子世界的逻辑是非古典的。根据古典逻辑的分配律，下面的命题（1）在逻辑上隐含着命题（2），命题中的 F、G 和 H 是一种物理系统中可能有的三种属性：

（1） 这个系统有 F，还有 G 或 H。
（2） 这个系统有 F 和 G 或 F 和 H。

在"量子逻辑"中，命题（1）在逻辑上并不隐含着命题（2），分配律失效了。这个对古典逻辑的挑战并不荒谬，并且也没有藐视语言习惯。问题是，放弃分配律是否真的有助于解释量子世界里的物理状况是怎么样的？不幸的是，对于量子逻辑来说，答案似乎是"不"：放弃分配律并不能解决物理学中潜在的问题。帕特南后来放弃了量子逻辑。关键是，他的挑战不能只是简单地被搁置。遇到这种问题，在理智上负责任的办法是：详细地思考逻辑的改变是否有助于我们理解量子世界。

伯特兰·罗素写道:"逻辑关注的是现实世界,正如动物学那样真实,尽管关注的是现实世界更为抽象和普遍的特征。"他并不是从象牙塔上看这个现实世界——这句话是他在第一次世界大战时期的监狱里写的。由于他在一本杂志的文章中暗示,在英国的美国军队可能会被用来破坏罢工,因损害了英国与其盟友美国的关系而被判刑 6 个月。

古典逻辑是一种很好的理论,它是现实世界最为抽象和普遍的特征。它没有先验的辩护,也没有证据证明对它的任何挑战是没有意义的。它不需要这类辩护。更确切地说,古典逻辑像其他科学理论一样,通过与第六章中概述的其竞争理论进行溯因推理式的比较而得到了辩护。古典逻辑是简洁以及优雅的,从逻辑上来看,它比大部分竞争理论都更为强大:它更有信息量,具有更强的统一和解释普遍样式的能力。它已经被检验出比任何非古典逻辑都强大得多,并且被认为足以胜任。因而,数千年来,它已经成为数学和其他科学的基本逻辑。试图表明它不适合证明,从来就没有成功过。它是我们最好的科学理论之一。

古典逻辑对哲学也有所贡献。实际上，它所描述的抽象和普遍的样式就是哲学的核心意义。既指对它们自身权利的兴趣，又指作为限制哲学理论的价值。否则，对于哲学家来说，要把他们对不一致性的抱怨归于古典逻辑就太容易了。有一句古老的谚语："拙劣的工匠抱怨工具。"古典逻辑通常迫使我们更深刻地解决问题。

古典逻辑关注"非""和""或""所有""有些"以及"是"的逻辑。有些逻辑理论，与其说校正了古典逻辑，不如说是扩展了它。一个例子就是模态逻辑，它关注的是逻辑中的"可以"和"必须"，或者"可能"和"必然"。例如，如果你可以坐着，从逻辑上来说，或者你可以坐着唱歌，或者你可以坐着而不唱歌。相反，如果你必须坐着，从逻辑上来说，就不会有你必须坐着唱歌，或者你必须坐着而不唱歌——唱不唱歌取决于你。模态逻辑系统性地研究这类论证哪种是有效的，哪种是无效的。模态逻辑通常在哲学上重视某些东西是不是可能的或不可能的、必然的或偶然的，因而，它是许多哲学论证的逻辑学相关分支学科。

在量化模态逻辑中，有一个争议性的假设的例子：

每个事物都必然是某种东西。

这意味着你必然是某种东西，不可能什么也不是。但是，如果你的父母从来没有相遇呢？那么，你不就什么也不是吗？如果你否认这个假设，你实际上正在以模态逻辑的语言制造出另一个命题：

不是每个事物都必然是某种东西。

当前，哲学家们正研究每一种选择的结果，以弄清楚哪一种选择提供了更好的整体理论。

尽管有争议存在，但逻辑学仍取得了明显的进步，而其中，很多都是哲学上的进步。

模态逻辑的思维先驱人物：从左上角顺时针依次是，阿维森纳（Avicenna，980—1037）、鲁道夫·卡尔纳普、索尔·克里普克（Saul Kripke，1940—　）、露丝·巴坎·马库斯（Ruth Barcan Marcus，1921—2012）。

第八章

哲学史作为工具

1. 哲学是历史学吗?

如果你走进一所大学的哲学系,不久你就会发现,在某处,或者说大部分地方,正有许多哲学史课程被教授。与之相反,在数学系或者自然科学系,就很少甚至没有数学史或自然科学史课程被教授。偶尔,数学家或科学家的名字与他们的发现联系在一起,但是,学生们并不期待知晓他们是如何得出这些成果的。学生们也很少去阅读他们的原始著作,因为,在原始著作中,这些结论很可能难以辨别,对于阅读者是陌生的见解和语言。而与此同时,哲学系的学生却必须阅读已经死去很久的伟大哲学家们的著作,或者是其中的大部头,至少也得阅读译本。哲学与其过去的关系似乎不同于数学和自然科学与其过去的关系。

很少有哲学家愿意把哲学史放到历史学系。当过去的哲学家在历史学系被研究时,被称为"观念史"。"观念史"更多关注的是哲学家们的生活:他们的社会、政治、宗教和文化的背景与约束;他们成长、写作、教育的环境;他们读了什么以及谁影响了他们;

他们认为理所当然的东西和他们所反对的东西；他们为谁写作；他们的著作在当时意图具有的或实际上具有的影响；等等。当同样的哲学家在哲学系被研究时，被称为"哲学史"。哲学史主要聚焦于他们的研究本身，而不是其与那个时代周遭环境的相互关系。这一目的就是要把内容理解为一种鲜活的、连贯的思想体系，它对今天的我们仍然有意义。

哲学史是哲学的一部分。然而，将一个理论当作某个哲学家提出的和将一个理论当成真理，这两者之间是有区别的。从学术上说，哲学史学家通常很清楚这种区别：他们追问的是，这位哲学家坚持的是什么理论，而不是什么理论是真理。不幸的是，还有另一种广泛存在的哲学写作方式，它模糊了这条界线。一些令人高山仰止的思想家，例如伟大的德国哲学家伊曼努尔·康德（Immanuel Kant，1724—1804），他通常都会这样撰写著作。当你读到"我们不可能认识物自体"时，你不清楚作者是否只是在主张康德认为我们不可能认识物自体，还是作者以自己的话语主张我们不可能认识物自体，而实际上正支持着康德的观点。混淆这两种主张在辩护上是实用的，因为它使作者能够把针对第一种主张的批评斥为没有抓住第二种主张的关键点，把针对第二种主张的批评斥为没有抓住第一种主张的关键点。如果你论证，它作为历史是错误的，回应就是要讨论事情本身。相反，如果你论证它作为哲学是错误的，回应就是要讨论康德。通常情况下，诸如此类的写作方式既不是好的历史学，也不是好的哲学。

有一种观点是，哲学就是哲学的历史，因为除此之外，它没有什么其他的东西。这个观点具有很大的影响，尤其是在欧洲大陆地区，不过，现在这个观点正在逐渐失去它的土壤。我的一位朋友，一位意大利的哲学家，于 20 世纪 70 年代后期第一次参访牛津大学。她发现这里的人们仍然在试图解决哲学问题，这是多么天真可爱。她解释说，她是在这样一种哲学文化中受到教育的，这种文化理所当然地认为根本不同的体系之间没有以之为基础从而做出决断的共同根基。根据这个观点，我们不可能富含深意地追问，它们之中的哪一种在客观上是正确的。我们只能在一种历史上给定的体系或另一种体系范围内进行思考，即使当我们试图从体系内部来颠覆它时。有时我被问到，我研究哪位哲学家，好像这是任何一位哲学家都必须做的。我以牛津的风格回复：我研究哲学问题，而不研究哲学家。

"哲学就是哲学的历史"这个观点是在自掘坟墓，它本身就是一个有争议的哲学选项，我们没有义务必须接受它。它没有证据的支持。在哲学史上，几乎没有任何一个哲学家，如本书提到的那些哲学家，是自己写哲学史的。他们的目标并不是解释其他哲学家的理论，或者他们自己的理论，而是首先建构这样的理论。例如，关于心灵及其在自然中的地位。这与科学理论并无本质区别，这同样适用于今天仍然在发展的大部分哲学理论。而且，如同我们已经看到的，有很多在诸种理论之间进行合理决断的方法。把哲学与哲学史看成是一样的，这是一种极其不历史的态度，因为它违背了历史本身。虽然研究一个哲学问题的历史（例如自由意志）是研究这个问题的一种方式，但还有许多研究问题的方式并不是研究其历史，正如对数学和自然科学问题的研究，就是典型的不是研究它的历史。幸运的是，哲学史可以被研究，但并不是以让它接管整个哲学的帝国主义的野心来研究。

2. 遗著与影响

人们可以像理智的旅行者那样探究哲学史，正如一位无神论者可以心怀赞赏与敬畏地徜徉在一座伟大的寺庙、教堂或清真寺。所以，人们可以在阅读伟大的哲学遗著的同时，拒绝其所表述的理论。有些著作，例如柏拉图的对话录，就是令人难忘的文学杰作，具有明显的散文风格，以及意象化和戏剧形式的艺术品质。其他的著作，例如康德的《纯粹理性批判》（*Critique of Pure Reason*，1781），以及格奥尔格·威廉·弗里德里希·黑格尔（Georg Wilhelm Friedrich Hegel，1770—1831）的《精神现象学》（*Phenomenology of Spirit*，1807），写得都非常复杂，但仍然以其崇高、晦涩的思想体系构造而成为精彩的艺术品。

当然，即使一栋建筑初看起来令人震惊，但人们越是不理解其结构和功能以及它们是如何对应的——例如，一座庙宇的空间布局如何通过运动来表达宗教和社会意义——人们的鉴赏就越是肤浅。这同样适用于哲学的著作。一旦人们有了一位睿智、博识的向导，就会意识到自己作为一名无知的旅行者错失了多少东西。这样，人们就会在每一次旅程中学到更多，也会更珍惜每一次旅程。在这个层面上，努力研究哲学史已经获得了回报。

一部伟大的哲学著作会用一种非常普遍和抽象的方式告诉我们一个关于事物是怎样的新叙述。通常，作者会让这个叙述尽量真实，但即便它是错误的，它仍然可能是一个好的叙述，我们同样可以欣赏它，而不是妄信它。例如，爱尔兰哲学家、主教乔治·贝克莱在其著作《人类知识原理》（*Treatise Concerning the Principles of Human Knowledge*，1710）和《海拉斯与斐洛诺斯对话三篇》（*Three Dialogues between Hylas and Philonous*，1713）中，发展了他的主观唯心主义的观点，即这个世界不是由任何东西构成，而是由心灵及其观念构成，树木、桌子和其他可观察的客观物体都是如此。他大言不惭地论证了他的理论是常识和宗教的最佳辩护，驳斥了一种纯粹科学的后牛顿主义的世界观。人们可能会想：有贝克莱这样的朋友，谁还需要敌人呢？但是，即使我们发现主观唯心主义违背常识，我们仍然可能享受通过这副眼镜儿看事物的经验，并且赞赏贝克莱能从此类薄弱的非质料的材料中建造出优雅和令人惊奇的坚固大厦的建构技能。

除了哲学观念的内在趣味和美感之外，它们的历史一般来说也是人类历史的关键所在。如贝克莱所阐述的，宗教世界观和科学世界观之间的许多观念的斗争都是哲学范围内的战斗。"idea"（理念）这个单词本身可追溯到柏拉图。奥地利哲学家、科学家恩斯特·马赫（Ernst Mach，1838—1916）既影响了罗伯特·穆齐尔（Robert Musil）的小说《没有个性的人》（*The Man Without Qualities*），也影响了爱因斯坦的广义相对论。许多政治学的论证都是根据哲学的观念被确定的，如人权。而植根于19世纪德国哲学的苏联官方学说，在斯大林主义的运用下，则显得不那么仁慈。错误的理论与正确的理论一样具有影响力。

在20世纪早期的逻辑学中，出现了一个既是数学的又是哲学的问题：有一种"确定的方法"解决数学问题而不需要创造性，这意味着什么呢？为了回答这个问题，阿兰·图灵设计了一个富有想象力的通用计算机的抽象理论。后来，第二次世界大战期间，在试图破译德国密码时，他确实建造了一部这样的机器。他的成功，帮助人们击败了纳粹主义。这就是现代计算机的起源，如今它已经改变了我们的世界。要提前预知一种哲学观念将对历史产生怎样的影响，是非常困难的，或者说是不可能的。

图灵提醒了人们，一种哲学理论的历史影响可能取决于其精确的内容，而不仅仅是其大体上的倾向。如果他的理论在细节上稍微有些不同，也许就不可能做出这种技术性工作，并且因此就不会制造出可用的计算机。

在哲学中，何种观念具有影响力，取决于哪种观念看起来令人信服，或至少这种观念对其他哲学家来说是有希望的。那些仅仅作为历史学家而不作为哲学家进行思考的学者，可能缺少判断一种观念会如何看待过去的哲学家的哲学技能。这样的历史学家甚至无法判断一位过去的哲学家在一篇具体的文本中所表达的东西。因为这种历史文本通常都难以解释。有时，一部手稿只有一部分是有价值的。有时，一部幸存的著作会有好几个版本，而且在一些关键的地方彼此不同。就算没有这些问题，词语和语法也可能存在多层含义。即使字面的意思是清楚的，也可能不清楚作者想要表达的是什么、一项论证如何起作用、一个特定的命题是否被认可或只是为后续的拆除做准备、读者被期待获取何种道德，等等。要确定应该如何阅读文本，人们必须比较各种不同样式的解释方式，以分辨哪一种方式最有道理。一种解释如果使文本的内在不一致，那它就不可能是作者的意向。判断一篇复杂的哲学文本的内在一致性，要求有哲学的技能，作为历史学家而不是作为哲学家进行思考的那些人可能会缺乏这些技能。这就是哲学史学家必须能够作为哲学家进行思考的原因，虽然他们也必须能够作为历史学家进行思考。如果你不知道罗马天主教会在1600年2月以异端之名在火刑柱上烧死了意大利哲学家、科学家乔尔丹诺·布鲁诺（Giordano Bruno），你不可能考虑这件事如何影响了17世纪的哲学家们写什么或不写什么。

──── 3. 哲学史利于解决哲学问题吗?────

假设你所感兴趣的是当代的哲学诸问题，如果你无视过去的哲学，你在此范围内取得进展的能力会受到阻碍吗？

如果你真的无视所有过去的哲学，包括过去三十年的，你就要试图从头开始做哲学。无视数学或物理学的所有先前的探究成果，试图从头开始做数学或物理学，这并不比重新做哲学更明智。幸运的话，你会重新发明轮子；或者，你可能发明了方轮子。这不是对你个人的反思，在所有这些领域，我们现在已经到达的这个程度，是数千年时间、数百位才华横溢的思想家的共同努力。没有人能够独自一人终其一生达到这些人一起共同达到的程度。一个关于孤独天才的神话，在荣耀的孤立中思考一切，这并不是哲学、数学或自然科学的研究方式。虽然通过独自的思考可以收获很多，但这样做的思想家已经从其他人的研究中学到了很多。也许，最接近的一个反例就是印度数学天才斯里尼瓦瑟·拉马努金（Srinivasa Ramanujan，1887—1920），但即使是他也是从课本开始的。好的哲学家很少看上去像是来自荒野的大师。哲学的进展是通过合理地比较诸种对立观念，通过对话进行的，而不是独白。人们必须参与到对话中，以了解被提出来的哪种观念是与自己的观念对立的，并且了解与对立理论的支持者在争论的过程中，双方的共同基础是什么。孤独的大师缺少这类知识，两位大师必须学会倾听和彼此讨论。

在实践中，这些对哲学做出了具有重要意义的原创性贡献的人，非常熟悉其他哲学家的近期研究。在这种程度上，哲学类似于数学和自然科学。有争议的问题是，哲学家是否比数学家和自然科学家需要更多其学科最近的历史知识。当代哲学已经吸收了所有早前研究的重要洞见吗？

有一点是这样的：人们很难认识到当前的哲学认为什么假设是理所当然的，直到人们遇到过去不把这些假设当作理所当然的哲学。这就是把它们当作理所当然的部分价值所在：为了不浪费时间去思考它们。但是，哲学家们通常想要探测这些假设，而不是放任它们在雷达下飞行。"未经审视的生活是不值得过的"，根据柏拉图的记载，苏格拉底说过这句话。审视自己的生活涉及辨认出人们认为理所当然的东西。例如，许多当代哲学家假设，道德责任总是高于美和丑的审美思考，而意识不到他们正在造就的是一种实质性假设。阅读弗里德里希·尼采可以提醒他们还有其他选项，并且也许会使他们质疑自己的假设。当然，不只是阅读过去的哲学会有这种效果。如果他们搬到意大利（如尼采所做的），他们可能会理解这种低级审美价值观看起来没有其在西北欧和北美这些深受新教文化影响的地区那么引人入胜。但是，研究哲学史就是获得这种文化冲击的一个好办法。

一旦我们认识到我们的假设，我们可能会拒绝接受它，将其视为错误的或没有根据的——有时候，这是一种解放的体验；有时候，这是一种可怕的体验。但是，现在我们或许反而可以有意地继续接受它，我们可以试图给予它进一步的支持。从哲学史出发，我们可以了解到它从何处而来。知道自身的理智谱系是很有益处的。

在任何时候，哲学中讨论的观点都是有限的。更多地了解这些历史能扩展一个人的资源。正如好的数学家和哲学家，在他们的袖子里总有许多不同的例子和策略，以便在需要之时运用。哲学史就是这类例子和策略的主要来源。

历史的记载也用作另一种目的。大部分哲学观念一开始都是模糊的，它们会以许多不同的方式得到发展和磨炼。检验一种观念是看是否至少有一种这类样式的观念起作用，如果是，这个观念就是好的：其他的这类观念不起作用不重要。我们不应该依赖原初观念的对立观念来找到它的最佳版本。对立观念想要它失败，并且很可能因此就轻易地放弃了。这种观念的支持者应该找到其最好的样式。如果他们之中最聪明的和最有创造性的人物努力奋斗多年为了使其起作用，却仍然失败了，这就是反对这个观念的绝佳证据。它比任何一种精密的论证都要强大，因为后者驳斥的只是这种观念的某些样式，而不是其他。

一个例子是证实原则，这个原则是所谓的逻辑实证主义者——如鲁道夫·卡尔纳普——在 20 世纪 20 年代之前开始倡导的。其粗略的观念是，要对世界做出一种有意义的陈述，你必须说出通过观察可能被证实或被证伪的某种东西。其意图就是要包括诸种科学的命题，同时排除诸种非科学的命题。逻辑实证主义者做出了大量聪明的尝试以发掘证实原则的精确样式。所有的尝试都失败了，因为从逻辑实证主义者自己的视角来看，结果要么包括明显不科学的命题，要么排除了明显是科学的命题。这种失败的记载比任何具体样式的个别反驳更为有力地论证了对证实原则这种观念的反对。如果有一种证实原则的可行样式，这些逻辑实证主义者就应该能找到它。虽然找到逻辑实证主义的圣杯这个复杂的尝试仍在时不时地进行着，但它没有取得任何结果。用科学哲学家伊姆雷·拉卡托斯（Imre Lakatos，1922—1974）的很有帮助的术语来说，逻辑实证主义是一个衰退的研究项目，哲学史记录下了这些努力的踪迹。它给我们提供了证明一个观念不好的证据，即试图使它发挥作用却导致了一个衰退的研究项目。

在现代，很少有哲学的发展直接地被大量的早期研究启发。甚至，即使旧的先例在回顾中是清晰的，新的观念也通常在相似性被辨识之前而不得不被独立地发现。

例如，一个可能世界（possible world）的观念——宇宙本可能发生的完全详细的过程——在技术上和哲学上已经被证明是理解情态动词的意义和逻辑的核心，例如"可以"和"必须"、"可能"和"应当"。在某一可能世界中，可能的就是存有的。在每一个可能世界中，必然的就是存有的。在现实的世界中，你正在阅读这本书，在另一个可能世界，这本书从来没有被写出来。三百年以前，莱布尼茨已经写到了诸种可能世界。与现代的哲学家不同，他认为它们是上帝心中的观念，是上帝选择一种可能世界予以现实化。上帝选择这个可能世界，因为它是所有可能世界中最好的世界。莱布尼茨的这种主张令人难以置信，但他并没有启发模态逻辑，模态逻辑不得不以其自己的方式发展。直到20世纪40年代，卡尔纳普为他所谓的"状态描述"（state descriptions）找到了一个关键性的技术作用：不是上帝心中的观念，而是词语的一致性和完整性的叙述。然后他说，他的状态描述类似于莱布尼茨的可能世界。没有模态逻辑的这种独立发展，可能世界的用处不会得到赞赏。

在哲学的历史如何有助于产生新的观念上，哲学与其他的一些学科并没有什么不同。然而，哲学对历史的运用要多于数学和自然科学对历史的运用。为什么呢？

也许，哲学比任何其他学科都更愿意质疑自己以及他人的假设。当数学家质疑基础数学的假设，或者物理学家质疑基础物理的假设时，他们往往被重新归类为哲学家。但是，当哲学家质疑基础的哲学假设时，他们仍然被算作哲学家。由于他们不断地回到基础上，于是与他们遥远的先辈有了更多的共同之处，因此在哲学史上占有一席之地。

当然，数学和自然科学上的进展通常依赖的并不是质疑基础的假设，相反，是去建构基础的假设。按照物理学家、历史学家、哲学家托马斯·库恩（Thomas Kuhn，1922—1996）的说法，这类活动就是"常规科学"。根据库恩的观点，仅当常规科学遭遇到一场危机时，才要返回到基础，并且质疑之；通常情况下，一场科学的革命接着就要到来。许多当代的哲学都是"常规哲学"，建立在没有被质疑的假设之上；因此，哲学史仅仅起到较小的作用。然而，哲学比大部分学科包含更多的革命性活动或自许的革命性活动，因为其传统的理智价值是如此地鼓励和褒奖对基础假设的质疑。哲学史相应地就起到更大的作用。

诚然，我们的文化中有一个像哲学一样随时准备质疑基础假设的学科是有好处的。但是，一个总在质疑每一个假设的人，并不会比一个无论被告知什么都要问"为什么"的孩子更好。我们不可能期待这些解释和辩护永远进行下去，而搁置所有的假设只会意味着理智的瘫痪。我们需要知识来引导我们的质疑和决定我们的优先项。哲学必须在质疑假设和使假设发挥作用之间达成一种微妙的平衡。第七章中描述的溯因推理的方法，有助于达成这种平衡。

第九章

运用其他学科

哲学是许多系统性探究领域之中的一种：数学、物理学、生物学、历史学、经济学、心理学、语言学、社会人类学、计算机科学……哪一门学科都不可能隔绝于其他学科。每一门学科都从其他学科中学习。创造性通常涉及结合一些不同领域的观念和知识，哲学也不例外。但这并不就使得它成为某种次要的学科，物理学并不因为其依赖于数学而成为次要的学科。如果哲学家没有把自己独特的技能带到另一个领域，他们就不会为这个领域的研究增添任何新东西。通常，这种影响是在两个方向上进行的，即教授和学习。这一章阐述的就是哲学从其他的学科中学到的许多方法。

———————— **1. 历史学** ————————

哲学与历史学是重叠的，因为两者都包括了哲学史（参见第八章）。但其他部分的哲学也可以从历史学的其他部分学习。

一个例子就是政治哲学，它追问社会应当如何被组织。有人指出，最好的政体是仁慈的独裁统治。

这是政治哲学中的一个简单的理论。这是正确的吗？仁慈的独裁统治并不是一种真正的政体，因为仁慈并不是一个结构性事物，它只是某人可能碰巧具有的心理上的特质。然而，怎样才能确保下一任独裁者是仁慈的？或者，他或她怎么知道人们真正想要的或需要的是什么？而且，仁慈的独裁统治在实践中如何运行呢？这就是一个关于历史学的问题。

狡猾的回答是："它在实践中运行不了，但是它仍然是最好的理论。"一个政体的关键就在于在实践中，与活生生的人在真实的生活中运行。当一些人提倡这样一种制度时，我们必须有证据证明它在实践中比其他的可替代形式运行得更好。这就需要他们举出一个现实生活中仁慈的独裁统治的例子。然后，我们可以根据适当的历史信息来评判他们提供给我们的例子。如果他们说从来没有独裁者是仁慈的，我们应该问他们，既然已经尝试过了，他们又如何知道仁慈的独裁统治会运行得很好？

比起仁慈的独裁统治，政治哲学家通常很少讨论关于最佳政体的愚蠢建议，如西方风格的自由民主制。我们也应该对这些建议追问相似的问题。

历史是政体如何在实践中运行的唯一记录，是我们在现实条件下可以获得的最接近的政治试验。在断定最佳制度时，无视历史在理智上和政治上都是不负责任的。虽然许多当代的政治哲学家避免讨论详细的历史事例，但他们的观点仍然与他们对历史的印象相互影响，例如，比较民主制和独裁统治的影响。美国著名的政治哲学家约翰·罗尔斯（John Rawls，1921—2002）把政治哲学划分为理想理论（ideal theory）和非理想理论（non-ideal theory）：理想理论把现实生活中的黑暗面抽象化了，例如犯罪、腐败、盲从和饥荒；非理想理论则把它们考虑在内。非理想理论家比理想理论家对历史的关注更多。罗尔斯给予理想理论以优先性，但是现在有一种朝向非理想理论的趋势。历史学可能会在接下来的几十年里，越来越多地在政治哲学中扮演重要的角色。如果要对哲学家的理论进行恰当的现实检验，而不仅仅是助长他们的偏见，那么，就需要一种运用严肃的历史学家撰写的历史的文化，而不是恰好适合于某个人的流俗历史。

—— 2. 社会人类学 ——

社会人类学研究不同的人类社会和文化：它们是如何组织的；在这种社会和文化中，人们相信什么、重视什么、制造什么、从事什么；他们如何思考、感觉和行为。一位社会人类学家会尽可能地从其内部来研究另一种社会，或许会用多年的时间生活在其中，日复一日地观察生活、学习语言、询问问题。尽管历史学和人类学在方法上有鲜明的差别，但两者都能帮助我们理解其他的社会在过去或现在与我们的社会在某些方面是多么不同，而在其他方面又是多么相似。我们学会了从另一个社会的内部来观察这个社会，并且从外部来观察我们自己的社会。

英国人类学家爱德华·埃文斯-普理查德（Edward Evans-Pritchard，1902—1973）研究了非洲中部阿赞德人的魔法的作用。他们相信巫术并使用神谕来做决定，通过观察一只被下毒的鸡得出神谕。与研究死者的历史学家不同，埃文斯-普理查德与阿赞德人讨论所有这些问题，对他们的信仰提出反对意见，并倾听他们的回复。一名在殖民统治下受教育的基督

殖民地场景：埃文斯－普理查德同阿赞德男孩

　　　　哲学是怎样炼成的

徒，他试图通过毒神谕来做决定，并发现了可行的方法。他和阿赞德人都在对那些分歧进行着人类的理性交流。

有些哲学家否认在不同"概念图式"（conceptual schemes）之间进行交流的可能性，他们将之比作相互之间不可翻译的语言。另一些哲学家则否认存在不同的概念图式的可能性。社会人类学阐述了两种观点之间的限度。人类文化之间的极端分歧是可能存在的，但是理性的交流可以跨越这样的分歧。与某些人认为的相反，语言不是世界观或生活形式，它们并不指示你必须如何思考或如何行为；语言更像是市场，在市场上，带有各种相互冲突的世界观和生活形式的人们时不时地可以和平地交流观念。

这并不是指，没有某种世界观或信仰体系比另一种更为正确。极端的相对主义者相信，所有的信仰在某种程度上都是同样正确的，这意味着拒绝严肃认真地对待其他信仰的挑战。在否定我们是正确的而他们是错误的这种可能性之时，也就是在否定他们是正确的而我们是错误的这种可能性。

3. 语言学

哲学的研究几乎完全是以语言方式进行的。偶尔用图解法可能有帮助；还有些人说（用他们的语言），无言的音乐、舞蹈、绘画或雕刻也可以表达哲学的观念，但要恰当地讨论这些观念的价值，我们必须使用语言。语言是哲学的基本媒介。如果我们不懂如何运用语言，我们很容易把哲学做糟。

在评估哲学论证时，我们要寻找有效的词语使用模式。例如，"发生的事情一定发生"这句话，究竟是深刻还是浅显，是有争议还是微不足道，这取决于"一定"这个词语如何运作。

还有一个例子：如果有人说"简相信 5 加 7 等于 12"，人们可能合理地反驳，"她不是相信它们等于 12，她是知道它们等于 12"。从这样的例子出发，有些哲学家总结道，存在没有信念的知识。但是等一下：如果有人说，"巴黎是法国的一座城市"，人们可能合理地反驳"它不是法国的一座城市，它是法国的首都"，但这会得出违反常理的结论，即巴黎不是法国的城市。反驳"巴黎是法国的一座城市"的关键在于，它说得太少了，而不是说得太多。虽然就实际的情况而言，它也是对的。另一种更有益且较少误导性的说法是，"巴黎是法国的首都"。类似的，反对"简相信 5 加 7 等于 12"的关键也在于，它说得太少了，而不是说得太多。虽然就实际的情况而言它是对的，但另一种更有益且较少误导性的说法是，"简知道 5 加 7 等于 12"。否定词"doesn't"（不）和"isn't"（不是）的使用被语言学家称为元语言否定，用来拒绝前面不恰当的表达方式，而不是说它错了。因此，对没有信念的知识的论证取决于语言学家所研究的一种被我们忽视的现象。

虽然大部分哲学问题不可能只是通过理解如何运用语言而被回答，但诸如此类的理解通常能使我们辨识出糟糕回答中的错误论证。由于语言学研究语言如何运作，对此熟悉有助于避免哲学上的错误。

语言哲学是哲学的一个分支，有其自身研究语言的方式。它很接近语言学，尤其是关注语言意义的语义学，还有关注语言在各种不同的对话语境中如何被使用的语用学。语言哲学和语言学的研究范围广泛交叉。事实上，当代语义学和语用学的许多理论框架都是由语言哲学家设计的，包括语义学的唐纳德·戴维森（Donald Davidson）、理查德·蒙塔古（Richard Montague）、戴维·卡普兰（David Kaplan）、索尔·克里普克、戴维·刘易斯（David Lewis）和汉斯·坎普（Hans Kamp），以及语用学的 J. L. 奥斯汀（J. L. Austin）、保罗·格赖斯（Paul Grice）和约翰·塞尔（John Searle）。他们的研究项目已经被语言学家应用和发展，往往使用类似的方法，但涉及更多的语言和更广泛的证据。哲学家一直对语言感兴趣，它是人类表达观念和交流信息的主要工具——难怪他们还在继续从语言学中学习。

─────── **4. 心理学** ───────

传统上，研究心灵的是哲学。通常来说，这是一种无系统的自我内省的方法：看看自己的意识，试图观察那里发生了什么，然后对结果进行推理。

自 19 世纪以来，更多系统性的实验方法被引入以研究和测量精神现象，例如情感的强度。心理学变得更像是一门自然科学，并从哲学中分离。尽管如此，正如当代的语言哲学家的研究非常近似于语言学家，当代心灵哲学家的研究也非常近似于心理学。例如，如果你对知觉——视觉、听觉、触觉、嗅觉和味觉——或者记忆的性质有兴趣，那么，忽视实验心理学对它们的探究是很愚蠢的。自我内省已经被证明是发现自己内心活动的一种不可靠的方法。即使一个人似乎拥有观察自己的最佳位置，但是大部分活动都发生在他的观察范围之外。一个人的注意力所能聚焦的远远要比看上去的狭窄得多。心灵哲学需要实验心理学来保持它的真实性和进一步地深入。

实验心理学家和心灵哲学家都考虑到了知觉的错觉，揭示了这种探索方式——拇指规则（经验法则）——的可靠性有着意料之外的限制，而我们就是依赖于这种法则了解我们的知觉。一个著名的例子就是1889年发现的米勒－利耶尔错觉（Müller-Lyer illusion）。在通常的版本中，它包括两条长度相等的平行线段，一条线段的两端有箭头，另一条线段的两端有鱼尾一样的线条（见下页图）。

带有鱼尾一样的线条的这条线段比带有箭头的线段看起来要长。这个错觉的一个显著的特征是，它

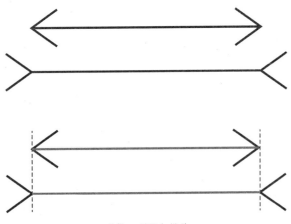

米勒－利耶尔错觉

在被发现后持续存在。即使当人们测量了线段，并且知道它们长度相等时，一条线段仍然看上去比另一条线段长。哲学家的意思是，知觉的表象不是知觉的信念。持续存在的是一条线段更长的表象，而不是信念。

心灵哲学并不是唯一要向或应该向心理学学习的哲学分支。有些认识论者仍然坚持由笛卡尔所启发的观点，即从根本上而言，人们必须获得的唯一证据就是其自身当前的内在意识状态，而对一个人所有其他的信念进行的辩护都取决于与这个基础的关系。据推测，人们有通向其内在意识的直接路径，通向外部世界却只有间接路径。除非内在意识对某种内省是透明的，否则这幅图没有什么意义。这类假设很难与当代心理学相调和。

这里的意思并不是指认识论应该被心理学接管。恰当地说，认识论者想要的是独立于人类心理学意外事件之外的理论。然而，同样恰当地说，心理学家想要的是关于这些意外事件的理论。但是，如果认识论者如其他很多人一样，依赖一些过时的心理学理论和关于人类心灵的基础性错误见解，那么，他们要普遍化一切可能的心灵就没有什么希望了。

───────── **5. 经济学** ─────────

如果你认为经济学家就是一些对经济政策提供糟糕建议的人，你可能好奇他们能教给哲学家什么。然而，大部分理论经济学的目标并不是给予建议。它的目标是了解彼此影响的行为者的决策复杂性，即在不确定境遇、未来和彼此的情况下寻求他们自己的工作事项，通常会竞争稀缺的资源，有时会合作。传统上，这些行为者被假定至少符合最低的理性标准：他们的行为始终如一，即使他们不关心任何更高层次的好处。例如，如果他们喜欢苹果甚于橘子，喜欢橘子甚于梨子，那么他们也不会喜欢梨子甚于苹果。尽管意识到在实践中，人类的行为有时是不一致的，经济学家仍把理性假设当作一个足够好的近似有用的起点。实验经济学探究理想化模式的预测与观察到的人类行为之间的差距。

最理论化的经济学在其抽象和普遍性的层次上与哲学并无不同，虽然哲学倾向于更多地关注对基础假设的质疑，而经济学则运用这些假设作为一种精确的构架，在这一构架内去发展更复杂的数学模型。哲学和经济学在关于什么使决策合理的观念上有着广泛的重叠，它们彼此都可以向对方学习。

在许多合作或竞争的例子中，每一方所做的事情都取决于它预测的另一方将要做的事情。因此，我在预测着你对我的预测进行的预测，而你在预测着我对你的预测进行的预测，以此类推，似乎可以无限进行下去。我们的决定取决于我们的预测。如果你知道，我知道你知道钱藏在哪里，你可能采取些特殊预防措施以对我隐瞒你的动向。如果你认为，我认为你不知道钱藏在哪里，你可能不会费劲地采取这些预防措施。因此，关于知识之知识和信念之信念的复杂结构可以产生实际的不同。

认知逻辑研究这类复杂的知识结构，其现代形式来源于芬兰哲学家贾可·辛提卡（Jaakko Hintikka, 1929—2015）的研究。他发展了认知逻辑，以阐明传统哲学的自知问题。如果你知道某些东西，你知道你知道它吗？如果你不知道某些东西，你知道你不知道它吗？在我自己的研究中，我研究了一些行为者的模型，他们知道一些事情，尽管几乎可以根据他们自己的证据确定他们不知道这些事情。经济学家和计算机科学家发现，认知逻辑对于他们自己的一些研究是最佳框架，并在该领域做出了重要的理论贡献。这个策略就是要研究在某些方面理想化，但在其他方面受到限制的行为者知识的数学模型，为了隔绝这些限制的具体影响。例如，一位行为者在进行逻辑演绎上可能是完美的，但是仍然不知道其他为者知道多少。我自己的部分，最有成效的研究就是在认知逻辑上与一位理论经济学家信（Hyun Song

Shin）一同进行的。

决策理论、认识逻辑以及诸多相似的探究在其目的上是哲学式的，在其方法上是数学式的，并且它们的运用遍布许多领域，包括经济学和计算机科学。尽管哲学家对这种合作有着独特的强调，他们也应该这样做，但他们对于这种合作的兴趣没有根本性的不同。哲学与非哲学的边界贯穿于一个连续的景观之中。

6. 计算机科学

理论计算机科学家对认知逻辑感兴趣，因为他们要研究分布式系统。这样一种系统把其工作分布在多台计算机上，同时运行（并行处理）。这些计算机需要彼此连接。一台计算机发送一条信息给另一台计算机，需要"知道"这条信息被接收。因此，第二台计算机需要发送一条信息回复第一台计算机，让第一台计算机"知道"第二台计算机"知道"了原始信息中的信息。而二台计算机可能也需要"知道"第一台计算机"知道"第二台计算机"知道"这个信息，以

此类推。认知逻辑是这类问题的一种普遍理论的最好构架。

但是，认知逻辑并不是计算机科学与哲学关联的核心。计算机科学的根本在于硬件与软件的区分。你的笔记本电脑是一台可以扔在地上的物理机器，它是硬件；在它上面运行的程序，即指令的有序集合，就是软件。许多不同的程序可以在同一台计算机上运行，并且相同的程序可以在许多不同的计算机上运行，即使是构造不同的计算机。软件要比硬件更为抽象。哲学家使用这种观念去理解心灵和身体之间的区别。你和一个智慧的外星人可能都知道 5+7=12，尽管外星人的"大脑"在化学结构上完全不同于你的大脑。硬件是不同的，但是这种软件，即关于 5+7=12 的知识是相同的。你和外星人可以运行相同的程序进行计算。你的思想不能简化为你的身体，正如软件不能简化为硬件一样。但这并不意味着你有一部分是由一种额外的物质——"灵魂之物"构成，就像你的笔记本电脑有一部分是由一种额外的物质——"程序之物"构成一样。

有些哲学家拒绝拿思想和软件进行类比。根据查默斯的例子，一个僵尸可能运行你的软件而不是你的意识。另一些哲学家则认为意识只是超级精密的软件。不管怎样，直到我们区分出软件和硬件之前，我们几乎没有可以开始探索物理主义者用来理解心灵本质的资源。此外，计算机科学和人工智能的进一步发展表明了软件可以做的事情如此之多。

——————— 7. 生物学 ———————

心灵哲学的一个核心策略就是要通过精神状态的功能来理解精神状态。知识、信念、欲望、意图、情感、感觉是什么？这个问题表明软件类比的局限性。正常情况下，一个程序是为了其程序员意图想做的任何事而被编写的，在这个意义上，人类并不是程序。当然，我们的父母和老师可能对我们有意图，有些人认为社会或上帝也对我们有意图，但是他们不会像程序员编写各种指令那样来编写我们大部分的具体精神状态。我们甚至不能预先意图自己大部分的精神状态，我们只是发现自己正在精神状态中。例如，当被荆棘划伤时，你并不会意图感觉到疼痛，你只是感觉到了疼痛。尽管如此，追问疼痛是什么仍然有意义，我们可以得到疼痛的作用在于提醒我们受伤了，这样我们就能采取相应的行动。这些假设可能有助于解释精神状态的本质。

我们怎样才能不带意图地去了解这种关于功能的叙述呢？最好的去处就是生物学。一颗心脏的功能是为全身供血，与任何人意图它去这样做或不这样做没有关系。毕竟，大部分有心脏的动物并不知道心脏可以供血。生物学上的功能在通常情况下并不是什么重要的事情。精子的作用在于使卵子受精，但是大部分精子从没有使任何卵子受精。一种进化论的解释似乎很有道理：非常粗略地说，有这类精子是因为过去的精子偶然使得卵子受精了。类似的，我们感觉到疼痛也许是因为感觉到疼痛有助于我们的祖先保护自己免于受伤。在一种更普遍的层次上，知识的功能难道不是使人能够快速、灵活地适应环境的复杂变化吗？

依据生物学上的功能，有多少东西可以被解释，哲学家对此有分歧。但是，没有这些功能解释，哲学家的工具箱中的理解工具将会明显变少。

形而上学是哲学的分支，它研究实在的普遍本质、其结构和内容。这个名字似乎表明形而上学是关于物理学无法触及的实在方面，但这是一种误解。最初，这个词只是指亚里士多德著作集中《物理学》这本书之后的书。物理学研究物理实在的普遍本质，及其结构和内容，它的兴趣与形而上学的兴趣重叠。例如，物理学和形而上学都研究时间。

有些人试图区分这两种对时间的关注，他们主张，哲学家研究时间的逻辑，或者我们对时间的经验，而物理学家研究时间的物理方面。但是，没有这样分隔的研究，有些关于时间的问题既属于物理学也属于形而上学。时间会在没有变化的情况下流逝吗？时间有终点吗？在任意两个瞬间之间，还有另一个瞬间吗？这些问题关注的是时间本身的性质，而不仅仅是我们对时间的经验或描述。

把事件划分为过去、现在和未来是日常思考时间的根本所在。但是，爱因斯坦的狭义相对论给这种划分制造了麻烦，因为它意味着两个事件可能在一个观察者的参照系（frame of reference）中同时发生，而在另一个观察者的参照系中则没有。似乎没有什么东西使得一种参照系是"正确的"，而另一种参照系是"错误的"。这威胁到了通常对所有事件采用单一时间顺序的假设。狭义相对论对时间形而上学的常识破坏的程度有多大，目前仍存在争议。但是，一位研究时间形而上学的哲学家，不去担忧爱因斯坦的理论所蕴含的东西，那就太过于自大了。

时间并不是唯一的例子。量子力学的解释对哲学家和物理学家都是一个难题。究竟是把他们算作"物理哲学家"还是"从事基础问题研究的理论物理学家"，既取决于他们是否恰好受雇于哲学系或物理学系，又取决于他们的研究内容。他们会追问相似的问题，并且运用相似的方法去回答这些问题。

--------------------- **9. 数学** ---------------------

不管怎样，大部分学科都会使用数字，并且因此而依赖于数学。它们进行着分类、计算、测量，以生成统计数据。假设或多或少是可能的，对这类问题

进行系统性推理的最佳框架是数学的概率论。再一次地，哲学不是这一规则的例外。第十章会解释数学在哲学中的一项重要作用。

第十章

建构哲学模型

1. 科学模型

许多自然科学家的目标是一种独特的进步,哲学家也开始认识到这是一个适合他们的目标。

常见的科学进步是发现新的自然法则。这类自然法则蕴含对自然世界的普遍概括,在任何时间和任何地方都毫无例外地必然适用:如果你能找到这样一条法则,那就太好了。然而,大部分自然科学和社会科学研究的都是些杂乱无章的复杂系统——细胞、动物、行星、星系、家庭、组织、社会,这些都很难被普遍法则描述特征。例如,什么法则适用于所有的老虎呢?"所有老虎都是有斑纹的"不行,因为有白化虎存在。"所有的老虎都是四条腿的"也不行,因为有三条腿的老虎存在。诸如此类。"所有的老虎都是动物"是正确的,但这并没有使我们有所收获。尽管老虎和自然界的其他生物一样遵循基本的物理法则,但这并不能安慰生物学家,因为生物学家想要通过与基本粒子和恒星的对比来对生物做出一些特定的解释。如果我们继续降低最初的企图,我们最终可能获得某些囊括一切的东西。但是这种危险就在于,它可能太过于浅薄和缺乏信息，以至于难以引起人们太多的兴趣。这就不仅仅是一个关于动物的问题了。各种形状和大小的复杂系统往往是杂乱无章和难以驾驭的。

为了解决这个问题，科学家修改了他们的目标。与其去寻求复杂系统的普遍法则，不如去建构复杂系统的简单化模型。有时是物理模型：用水流经沙盘的模型，模拟一条河流侵蚀河岸；用彩色的圆柱体和球体的结构模型，模拟 DNA 分子结构。更典型的是抽象模型，由描述假设的系统如何随着时间变化的数学方程式定义。这种假设的系统比相关的现实生活系统要简单得多，但它仍然保有一些现实生活系统的关键特征。这个策略就是对假设系统的行为进行数学分析，希望它能模拟现实系统行为的一些令人困惑的方面，从而揭示这些方面。

例如，你可能想知道为什么捕食者——比如说，狐狸——的数量和猎物——比如说，兔子——的数量一直在波动，尽管一种动物数量的增加与减少并不与另一种动物数量的增加与减少相一致。一个关键之处就是，在其他条件相同的情况下，狐狸的数量越多，被吃掉的兔子的数量就越多，但是兔子的数量越多，幸存的狐狸幼崽的数量就越多。人们可以写下微分方程，用当前捕食者和猎物的数量来表示每个种群的增减速度。这就是著名的洛特卡－沃尔泰拉模型（Lotka-Volterra model）。在大多数情况下，它过于简单化了：它忽略了兔子赖以为生的植被的变化，人类猎杀狐狸和兔子的趋势的变化，狐狸之间的变化，兔子之间的变化，诸如此类。由于这类因素的影响，这些方程式不是普遍法则。事实上，由于从数学的角度来看，人口的变化是连续的，它们也不可能是普遍法则，即使在现实生活中，数量的变化是整数的变化：当200只兔子死去一只，数字就直接降到199，而有一个中途的时间，活着的兔子数量是199.5是不可能的。然而，即便所有这些模型都过于简单化，这种模型依然正确地预测了捕食者－猎物种类数量变化的某些普遍的结构特征。现在，自然科学的许多进步就是这样的。一旦我们有了一个成功的模型，我们就能够试图把更多的现实生活中的复杂性逐渐地建构进模型之中，但是，这些模型将总是比现实生活系统本身简单得多，否则，就会太过于复杂而无法分析。

有时候，没有其他的方案能替代模型建构。例如，生物学家追问：为什么两性繁殖是动物们的常态？因为从原则上来讲，三性繁殖或无性繁殖是可能的。如果你想要理解为什么一种现象没有发生，你不可能走出去观察和测量它。相反，一个好的策略就是建构这种现象的假设模型，看它是如何"出错"的。你可以研究出一种模型，两性繁殖和三性繁殖以及无性繁殖在其中发生，你可以观察哪一种发展得更好——也许是为了实现物种内部的遗传变异，使其能够进化来适应环境的变化。这类模型的目的并不是预测观察到的数量，而是解释一种不存在的情况。

2. 哲学模型

人类是杂乱无章的复杂系统的一个经典例子。以这样或那样的方式，许多——虽然不是全部——的哲学都是关于人类的。因此，道德哲学和政治哲学主要关注的是一个好人的生活和一个好的人类社会。科学哲学关注的是人类的科学；艺术哲学关注的是人类的艺术；语言哲学关注的是人类的语言。虽然心灵哲学有时关注非人类的动物心灵，但其主要聚焦的还是人类的心灵，并且无论如何，非人类的动物也是杂乱无章的复杂系统。虽然在原则上，认识论关注所有的知识，但实际上，它主要关注的是人类的知识。逻辑学和形而上学是部分例外，因为它们倾向于处理一些非常基础的问题，与杂乱无章的复杂性不怎么相关；它们可能构想出信息丰富的、完美的、囊括一切的法则。然而，就其余的部分而言，人们可能会期待一个适当的模型建构策略。

这并不是大部分哲学家所能看到的。许多哲学家仍然以囊括一切的普遍法则为目标，甚至是关于杂乱无章的复杂系统——人类；而对此，自然科学家基本放弃了这种野心。在这个方面，哲学家通过使其探究某些不存在的东西，在不经意间让这个领域走向了失败，对这个领域造成了伤害。人们在比较自然科学的进步和哲学的停滞不前时，往往是基于对双方的错误认识。他们没有认识到建构更好的模型在科学进步中起到了多少作用，也没有追问有多少哲学的进步与建构更好的模型有关。

我们已经看到了一个在哲学上建构模型的进步

例子：认知逻辑在这个方面取得了进展（参见第九章）。这些模型不是普遍的法则，它涉及的是非现实的、非常简单化的东西。尽管如此，它以一种科学模型的方式揭示了人类的知识。

哲学家在用概率进行研究时，就典型地运用了模型，而不是强调事实。例如，认识论者通常使用彩票作为一种简单的不确定性模型。为了使事情更明确，假设按顺序编号，正好有 1000 张彩票被卖出去了，而只有一位中奖者会随机被选出。因此，如果你有一张彩票，不中奖的概率是 999/1000。当机会像这样时，对你来说，相信这个命题的可能性有多大呢？你可能认为，要求 100% 的确定性是一种不合理的高标准，并且决定不管怎样，相信至少有 95% 的概率。紧接着就有一个问题，根据你的规则，你相信中奖的彩票号码至少是 51（因为这就是 95% 的可能），并且你也相信中奖号码最多是 950（也是因为 95% 的可能），但是你不相信中奖的是 51 和 950 之间的所有号码（因为这种结合的可能性只有 90%）。因此，你分别相信两个命题中的每一个，但是你拒绝把它们放在一起，拒绝相信它们的结合。这就是像接受"他是英国人"和"他是一个罪犯",但是拒绝接受"他是一个英国罪犯"(虽然是同一个人)。在电视辩论中这样做的政客可能会让对手觉得他很愚蠢,或者至少在那些关心一致性的选民中是这样。你可能认为95%对于相信的阈值来说是一个糟糕的选项,因此选择了一个不同的阈值,例如99%,与之相符合的规则是"至少有99%的可能才相信"。但一项小小的计算显示,唯一能避免所有此类彩票问题的相信阈值是0%和100%。由于0%的阈值意味着相信任何情形下的每一个命题——完全的信任——你被迫返回到100%的阈值上,而这个确定性的标准是你已经作为不合理的标准而予以拒绝了的。因此,即使这样一种"玩具"模型,也能说明基于概率的信念是多么困难。

如果你思考这种彩票模型,你可能很快就辨识出它的某种简单化的假设。例如,它假设你精确地知道有多少彩票已经被卖出去了。而实际上,运营彩票的机构可能并没有宣布,它们甚至都不知道有多少彩票被卖出去了。即使它们宣布了一个数字,你也可以给它们是错误的或者给它们在撒谎的假设一个非零的概率。因此,你也可以给中奖号码是1001的假设一个非零的概率（因为很可能有超过 1000 张彩票被卖出去了），并且，你还可以给中奖号码是 1 的假设一个更高的概率，而不是 1000（因为卖出去的彩票还有可能不到 1000）。但如果考虑所有这些现实的复杂情况，花在这上面的时间并不值得。思考相关的简单模型可以更快地切中问题的核心。当需要更复杂的概率模型来理解更复杂的问题时，有数学头脑的认识论者也会构建它们。

在语言哲学中，建构模型至少要追溯到卡尔纳普。为了理解他所做的是什么，我们首先需要些语义学的背景知识，即意义的理论。

人类语言的一个显著特征是，一旦你掌握了几个单词和语法结构，你可以运用它们建构一个具有潜在的无限意义的句子，例如"毕加索睡着了""毕加索的姨妈睡着了""毕加索的姨妈的姨妈睡着了"，以此类推。你可以理解这些句子，即使你之前从来没有听过或读过它们。现代语义学的核心项目就是要解释一个复杂表达的含义（如我们举例的句子之一）如何被组成它们的简单部件的含义所决定［像"毕加索""姨妈""睡觉"，以及这种表示属格的"s"

（Picasso's aunt slept）]，还有它们是如何被组合在一起的——"猫抓狗"和"狗抓猫"具有不同的含义，但是具有相同的组成部件。一个句子的含义并不仅仅是其组成部件的单词含义的清单，这会使这个句子仅仅是一个词汇表，而与句子不同，这个词汇表不会说出任何正确或错误的东西。例如，"拿破仑死于1815年"这个句子表达的信息是错误的，而"拿破仑死于1821年"表达的信息是正确的——他确实在1821年去世了。因此，词语和其他表达式的含义必须能够互相结合，这样，句子才能表达出正确或错误的内容。要解释这样的结合是如何进行的，人们需要清楚地描述含义是什么。这个庞大的工程被称为组合语义学（compositional semantics），语言哲学家和语言学家都对此做出了贡献。

卡尔纳普之前，逻辑学家通过将一种表达的含义视作它的外延，即它在外部世界的实际应用，从而在组合语义学上取得了相当可观的进展。简单来说，"毕加索"这个名字的外延就是毕加索这个人本身，名词"猫"的外延就是所有的猫。一个句子的外延是正确的还是错误的，这取决于它所说的东西是否在实际上是正确的或错误的。因此，"拿破仑死于1815年"的外延是错误的，而"拿破仑死于1821年"这个句子的外延是正确的。外延语义学（extensional semantics）这种组合语义学解释了一个复杂的语言表达的外延如何被组成它的简单表达的外延所决定，以及它们是如何结合起来的。这个路径被证明对于使用如"和""或""非""所有""某些"等逻辑词语组成的句子非常有效，这些逻辑词语已经使人们能构建越来越复杂的句子。（参见方框3，对于外延语义学的一些规则，与第三章方框1的逻辑游戏中的相同词语的规则密切相关。）

然而，外延语义学遇到了模态词的障碍，例如"可以"和"必须"、"可能"和"必然"。组合语义学也应该适用于它们。例如，"拿破仑可能死于1815年"这个句子的含义是由"可能"一词的含义和更简单的"拿破仑死于1815年"一句的含义结合而成。由于外延语义学把一个句子的含义等同于其真值，这意味着，当"可能"的含义与"拿破仑死于1815年"的真值结合，结果就是"拿破仑可能死于1815年"的真值。"拿破仑死于1815年"的真值是假的，而"拿破仑可能死于 1815 年"的真值（以某种方式理解的话）是真的——虽然他并不是死于 1815 年，但他本可能如此。因此，外延语义学在此处意指了：当"可能"的含义与假的东西结合时，结果就会为真。但是现在，让我们想一个前后矛盾的句子，例如"有些狗不是狗"。"有些狗不是狗"的真值是假的，而"可能有些狗不是狗"的真值也是假的，因为"有些狗不是狗"是不可能存在的。但是此处，外延语义学意指：当"可能"的含义结合"有些狗不是狗"的真值时，结果就是"可能有些狗不是狗"的真值；换句话说，当"可能"的含义与假的东西结合时，结果是假的。所以，关于"可能"的含义与假的东西结合，外延语义学对这一结果做出了不一致的预测。出于相似的原因，当"必然"的含义结合真时，它对结果也做出了不一致的预测。

卡尔纳普意识到，对于"可能"和"必然"这类模态词的含义来说，其外延所含有的信息太少，以至于无法处理。这个潜在的问题就是，外延语义学只能考虑现实世界中的外延，而模态词对于非现实但可能的世界的外延也很敏感（关于卡尔纳普自己的处理方式，参见第八章）。为了解决像"可能"这样的模态词的组合语义学的发展问题，他把含义等同于内涵（intensions），而不是外延。一个词或一个句子的内涵就是包含所有可能世界——无论是实际的还是非实际的——的全部范围的外延。卡尔纳普展示了"可能"的含义如何与任意一个句子"A"的内涵相结合，从而给出"可能A"的内涵（和外延），并且同样适用于"必然"。实际上，他把"可能"理解为"在某个可能世界中"，把"必然"理解为"在所有可能世界中"。因此，与外延语义学相反，卡尔纳普给出了一种模态词的内涵语义学。他也展示了，无论外延语义学运行得如何良好，它可能很容易就被转变成内涵语义学（如果你想要了解内涵语义学，参见方框3）。

方框3 外延语义学和内涵语义学

外延语义学

复杂的句子是从对简单的词语"和""或"

"非"的使用中建构起来的。一个句子的外延就是其真值，要么是真，要么是假。一个复杂句子的外延是由其句子组成部分的外延通过这些规则决定的（"A"和"B"是语言中的任何一个句子）：

和：如果"A"是真的，并且"B"是真的，那么"A和B"是真的。

如果"A"是假的，或者"B"是假的，那么"A和B"是假的。

或：如果"A"是真的，或者"B"是真的，那么"A或B"是真的。

如果"A"是假的，并且"B"是假的，那么"A或B"是假的。

非：如果"A"是真的，那么"非A"是假的。

如果"A"是假的，那么"非A"是真的。

内涵语义学

复杂的句子是从对简单的词语"和""或""非""必然""可能"的使用中建构起来的。

一个句子的内涵包含所有可能世界的真值范围。
一个复杂句子的内涵是由其句子组成部分的内涵通过这些规则决定的（"A"和"B"是语言中的任何一个句子，W是任何一个可能世界）：

和：如果"A"在W中是真的，并且"B"在W中是真的，那么"A和B"在W中是真的。

　　如果"A"在W中是假的，并且"B"在W中是假的，那么"A和B"在W中是假的。

或：如果"A"在W中是真的，或者"B"在W中是真的，那么"A或B"在W中是真的。

　　如果"A"在W中是假的，并且"B"在W中是假的，那么"A或B"在W中是假的。

非：如果"A"在W中是真的，那么"非A"在W中是假的。

　　如果"A"在W中是假的，那么"非A"在W中是真的。

必然：如果"A"在每个可能世界中是真的，那么"必然A"在W中是真的。

如果"A"在某个可能世界中是假的，

那么"必然 A"在 W 中就是假的。

可能：如果"A"在某个可能世界中是真的，

那么"可能 A"在 W 中是真的。

如果"A"在每个可能世界中是假的，

那么"可能 A"在 W 中就是假的。

卡尔纳普为一种人工的形式语言提供了一个完备的内涵语义学：每个公式不管多么复杂都有一个内涵，是由组成它的最简单成分的内涵逐步决定的。它是一种比外延语义学更复杂的含义模型。通过理查德·蒙塔古、索尔·克里普克、戴维·刘易斯和其他许多人的研究，卡尔纳普的内涵语义学已经对语言哲学和语言学的分支之一的语义学产生了巨大的影响。虽然这种模型已然得到更加详尽的阐述，但是他们迈出了从外延到内涵的关键步伐。

与他的前辈们相比，卡尔纳普更注重建立模型。他的形式语言不是用来做数学的，也不是用来揭示所有语言隐藏的本质的。他构建了一种简单的模型语言来演示"可能"和"必然"这类词的运作方式。由此，他也阐述清楚了自然语言。随着我们越来越多地了解到，即使是最普通的对话，其背后也隐藏着超乎寻常的复杂性，语言哲学家和语言学家将不得不越来越多地依赖于一种建构模型的方法。

——— 3. 运行模型，反例和错误脆弱性 ———

模型很有趣，你可以用它们来做游戏。这并不只是一个偶然附带的好处，而是它们的作用，在自然科学和哲学中都是如此。我们通过操作、玩耍来学习：如果你不能操作实物，那么通常情况下都会退而求其次，去操作这个实物的模型。你可以随意摆弄这个组件或那个组件，看看稍许的改变会产生什么差别，有什么东西随之变化了。这样，你可以更深入地理解这一模型是如何运行的。如果这一模型建构得好，那么你也能更好地理解实物如何运行。例如，你不能随意改变英语的运用方式，只为了看看会产生什么不同，但你可以随意改变一种人工语言的规则，并计算这些改变带来的结果。

为了便于操作，模型应该用数学或逻辑上精确且易于处理的术语来定义。如果这个定义是模糊的，或者过于复杂，其结果就是不清晰的：人们只能转而借助于先天的哲学直觉来猜测它的表现，而不是利用模型来测试那些直觉。相比之下，一个定义良好的模型能绕过那些先天的直觉，允许人们严谨地计算模型及其各种变式的运行表现，并且因此学到某些意料之外的东西。有了模型构建的方法，严谨性和趣味性自然地结合在了一起。

模型建构的严谨性并不是大多数哲学家所习惯的那种严谨性。传统哲学的严谨性要求，一旦出现一个反例，就要驳回一项主张。在这个意义上，大多数模型生来就要遭到驳斥，因为它们包含了错误的简化假设。例如，认知逻辑中的模型往往要远比正常人的逻辑缺陷理想化。一些哲学家据此而摒弃了这些模型。

在物理学中，太阳系的模型可以把一颗行星当作一个质点，好像所有的质量都集中在这个中心周围。当然，物理学家知道行星本身并不是质点，并且行为也不完全像质点。尽管如此，物理学家却并不排斥诸如此类的各种模型，因为他们知道可以从模型中学到很多东西。相比之下，如果有人试图在模型中完全精确地描述这颗行星，包括它所有的陨石坑和凸起，结果将是太过于复杂而无法计算。这就要采取一些技巧以区分模型的特征，哪些可以带给我们经验教训，哪些仅仅是需要保持事物简单化的人工制品。哲学家最好学会这种技巧。

对于许多哲学家来说，无视真实的反例而不是错误的普遍化，似乎是对真理的漠视。在一个明显的反例面前，继续相信普遍化，在智力上确实是不负责任的。但这不是建构模型的态度，我们需要意识到，普遍化可以既是错误的，又是一个模型的主要组成部分，能将我们指向真正的真理。

如果反例不能反驳模型，那什么能呢？在建构模型的方法中，取代一个模型的是另一个更好的模型。它的部分优势可能在于，它能更充分地处理旧模型的反例，但它也应该以自己的方式再现旧模型的成功。具备上述优点的新模型可能很难找到。

模型建构与科学哲学家卡尔·波普尔（Karl Popper，1902—1994）倡导的猜想与反驳的方法论形成了鲜明的对比。根据他的观点的粗糙版本：科学家们提出的大胆的猜想，具有丰富信息的普遍概括，可能只能被证伪，无法被证实。一个单一的否定例证，一个反例，就能证明普遍化的虚假，却没有有限数量的正面实例可以证实它。科学家们尽最大努力找到这样一个反例来反驳它。一旦被驳倒，他们就继续下一个大胆的猜想，以此类推。

在自然科学和哲学中，这种证伪主义（falsificationist）的一个问题是它的错误脆弱性。换句话说，一个简单的错误可能带来灾难性的后果。假设我们正在检验一个大胆的猜想，并假设我们已经找到了一个反例。作为优秀的证伪主义者，我们会驳回这个猜想，并继续进行下一个。但是，如果这个反例是错误的呢？我们是很容易犯错的，有时我们会误判一两个例子。在这种情况下，最初的猜想可能终究是正确的。但我们再也不回去了，我们忙于检验新的大胆猜想。哲学家对反例的依赖可能与粗糙的证伪主义惊人地接近：一旦反例被接受，就没有回心转意的可能了。相比之下，模型建构方法论的错误脆弱性要小得多，因为它没有赋予单个判断这样的决定性力量。模型会在各种不同的维度中被比较。

这并不意味着哲学应该完全转向模型构建方法论。在一些领域，例如逻辑学，我们已经发现了许多正确和信息丰富的普遍概括。在其他领域，好的模型可能比期望的还要多。甚至，在好的模型存在的领域，如认识论，我们还可以通过使用几种方法以做到最好。因为，如果每个独立的方法都指向同一个方向，这就是这个方向正确的强有力的证明。这种方法的结合只会更加强健，除非它们指向了相反的方向。

对哲学建构模型方法论潜能的探索才刚刚开始，它的范围和界限应该会在五十年后更加清晰。

第十一章

结论：哲学的未来

哲学就自身而言是一门科学，它与其他科学相互关联，并与其他科学一样有自主性。它持续不断地承受着成为某种别的东西的压力：生活方式的建议或政治论战；道德的说教或语法课程；无神的宗教或无法阅读的文学；流行物理学或流行生物学；流行心理学或流行神经科学；计算或民意测验。这些压力都很难承受，因为它们表达了对哲学根深蒂固却相互冲突的期望，并利用了哲学家自己对其领域的不安全感。最重要的是，它们都源自不理解哲学如何能成其所是——在哲学家之中，也在非哲学家之中。我希望，我在书里所做的能减少这种不理解。不管能否做到，谁知道哲学将如何在反对任何类型的企图心的文化偏见中好好地存活下来呢？

尽管如此，哲学源自人类表达好奇心的一种自然的驱动，在其问题上由此驱动而至极端，并决心使用最恰当的方法来回答这些问题，而不接受任何替代品。这种驱动和决心不会轻易消失。

哲学理论的进步造就哲学方法的进步，而哲学方法的进步又造就哲学理论的进步。当然，在这本书中展现的方法工具箱是可以改进的，正如其他的科学改进它们的方法一样。它的发生不是通过与过去戏剧性的决裂而实现的，而是通过一个艰难的自我完善的迭代过程。也许，这本书的某位读者将对这个过程有所贡献。

参考文献和延伸阅读

The Oxford Handbook of Philosophical Methodology（Oxford：Oxford University Press，2016），Herman Cappelen、Tamar Szabó Gendler 和 John Hawthorne 主编；*The Palgrave Handbook of Philosophical Methods*（Basingstoke：Palgrave Macmillan，2015），Chris Daly 主编；*The Cambridge Companion to Philosophical Methodology*（Cambridge：Cambridge University Press，2017），Giuseppina D'Oro 和 Sren Overgaard 主编。这三本都是大部头的论文集，主要针对专业哲学家和哲学研究生。其中一些论文探讨了近现代哲学两大传统之间的对比，这两大传统通常被称为"分析哲学"和"大陆哲学"。我不在本书中讨论这些问题，因为每一种传统在方法论上都过于多样化，很难在一般情况下进行有效的讨论。姑且不论价值几何，这本书是从一个可被认识的"分析"角度写的。

The Philosopher's Toolkit: A Compendium of Philosophical Concepts and Methods（Oxford：Wiley-Blackwell，2nd edition，2010），Julian Baggini 和 Peter Fosl 著。针对一般读者，可以作为组织工作的参考，书中有许多短条目可参考。

Philosophical Devices: Proofs, Probabilities, Possibilities, and Sets（Oxford：Oxford University Press，2012），David Papineau 著，阐释具有技术头脑的哲学家使用的逻辑和数学工具。

The Philosophy of Philosophy（Oxford：Wiley-Blackwell，2007），本书所涵盖的许多论题在我的这一本书里有更详细的阐述。

Philosophy: A Very Short Introduction（Oxford：Oxford University

Press，2002），Edward Craig 著，介绍了各种哲学家和哲学论题，而不是哲学方法。

网络上的文章可参见：*Stanford Encyclopedia of Philosophy*（https://plato.stanford.edu）。这个网站经常提供最新的信息，可以帮助你找到更多关于哲学家和哲学论题的文章和信息。

第一章　导论：哲思即本能

笛卡尔关于方法的著作可参见 *Descartes: Selected Philosophical Writings*（Cambridge：Cambridge University Press，1998），John Cottingham、Robert Stoothoff 和 Dugald Murdoch 译。

Knowledge: A Very Short Introduction（Oxford：Oxford University Press，2014），Jennifer Nagel 著。这本书的第二章讨论了怀疑论。

第二章　人因常识立法

G.E. 摩尔的"一个常识的辩护"（A defence of common sense），详见 *Philosophical Papers*（London：Routledge，reprinted 2010）：32–59。

对常识的两点攻击，其一见 J.M.E. McTaggart 的"不真实的时间"（The unreality of time），再版刊于 *The Philosophy of Time*（Oxford：Oxford University Press，1993）：23–34，Robin Le Poidevin 和 Murray MacBeath 主编；其二见 Peter Unger 的"没有普通的事物"（There are no ordinary things），*Synthese*，41（1979）：117–54。

Knowledge and Its Place in Nature（Oxford：Oxford University Press，2nd edition，2005），Hilary Kornblith 著，讨论了动物共同特征的知识。

我的 *The Philosophy of Philosophy*（Oxford：Wiley-Blackwell，2007）一书的第七章，讨论了哲学上的证据。

第三章　争论推动理论

关于中世纪的口头争论"Obligationes"（义务），详见 Catarina Dutilh

Novaes 和 Sara Uckelman 的文章，*The Cambridge Companion to Medieval Logic*（Cambridge：Cambridge University Press，2016）：370–95，Catarina Dutilh Novaes 和 Stephen Read 主编。

Logic, Language-Games and Information（Oxford：Clarendon Press，1973），Jaakko Hintikka 著，提出了一个现代逻辑的对话方法游戏。

柏拉图、伽利略和休谟的对话录有许多版本。

其余被提及的详见 *New Essays on Human Understanding*（Cambridge：Cambridge University Press，2nd edition，2008），戈特弗里德·威廉·莱布尼茨著，由 Peter Remnant 和 Jonathan Bennett 翻译并编辑。事实上，洛克和莱布尼茨之间进行了很长的对话（猜猜谁赢了）。还有 *Three Dialogues between Hylas and Philonous*（Indianapolis, IN：Hackett，1979），乔治·贝克莱著，Robert Adams 编辑。

关于形式的讨论详见 *Philosophical Dialogues: Plato, Hume, Wittgenstein*（Oxford：Oxford University Press，1995），Timothy Smiley 主编。

一种进化的观点认为，理性是一种可以说服别人，但不容易说服自己的手段。详见 Hugo Mercier 和 Dan Sperber 所著的 *The Enigma of Reason*（Cambridge，MA：Harvard University Press，2017）。

我关于"一切"的概括相对主义和概括绝对主义的非常技术性的讨论，详见 *Philosophical Perspectives*，17（2003）：415–65。

关于连锁悖论的对话和论证版本，详见我的作品 *Vagueness*（London：Routledge，1994）第一章。

我自己对对话形式的探索，详见 *Tetralogue: I'm Right, You're Wrong*（Oxford：Oxford University Press，2015）。

斑马的例子是受到 Fred Dretske 的"认知操纵者"（Epistemic operators）的启发，详见：*Journal of Philosophy*，67（1970）：1007–23，在第七章讨论了 Nagel 的 *Knowledge: A Very Short Introduction*（Oxford：Oxford University Press，2014）。

第四章 透过澄清术语看本质

卡尔纳普的"经验论,语义学和本体论"(Empiricism, semantics, and ontology)详见他的 *Meaning and Necessity: A Study in Semantics and Modal Logic*（Chicago, IL: University of Chicago Press, 2nd edition, 1956）: 205–21。

关于维特根斯坦的哲学观,最好从他的哲学实践入手,可参考: *Philosophical Investigations*（Oxford: Wiley-Blackwell, 4th edition, 2009）, Peter Hacker 和 Joachim Schulte 主编。

作为概念分析的哲学现代版本,可参考 Frank Jackson 的 *From Metaphysics to Ethics: A Defence of Conceptual Analysis*（Oxford: Clarendon Press, 1998）。

关于"妇女"的哲学问题,可参考 Sally Haslanger 的"性 / 性别差异和社会现实结构"(The sex/gender distinction and the social construction of reality), 详见 *Routledge Companion to Feminist Philosophy*（New York: Routledge, 2017）: 157–67, Ann Garry、Serene Khader 和 Alison Stone 主编。

哥德尔在"康托尔的连续统问题是什么?"(What is Cantor's continuum problem?)中清楚地表达了他的柏拉图主义,详见 *Collected Works, Volume II: Publications 1938—1974*（Oxford: Oxford University Press, 2001）: 254–70, Solomon Feferman 等人主编。

我关于概念式真理的详细反对意见参见 *Philosophy of Philosophy*（Oxford: Wiley-Blackwell, 2007）的第三章和第四章。

第五章 哲学点睛:思想实验

关于法上的例子可以参见 Jonathan Stoltz 的 "Gettier and factivity in IndoTibetan epistemology", *Philosophical Quarterly*, 57（2007）: 394–415, 和 Jonardon Ganeri 的 *The Concealed Art of the Soul: Theories of the Self and Practices of Truth in Indian Ethics and Epistemology*（Oxford：Oxford University Press，2007）：132-3；这个例子在印度哲学中可以追溯到法上之前的几个世纪，Jennifer Nagel 用这个例子和另一个古代的例子来讨论葛梯尔的问题，详见她下面这本书的第四章：*Knowledge: A Very Short Introduction*（Oxford：Oxford University Press，2014）。下面这篇就是引发了现代争论的埃德蒙·葛梯尔的短文，关于"合理的真信念是否是知识？"（Is justified true belief knowledge？）参见 *Analysis*，23（1963）：121-3。对葛梯尔的第一拨回应的那些折磨人的细节参见 Robert Shope 的 *The Analysis of Knowing：A Decade of Research*（Princeton，NJ：Princeton University Press，1983）。我为知识是基础的观点的辩护详见 *Knowledge and Its Limits*（Oxford：Oxford University Press，2000）。

小提琴家的例子，"对堕胎的一个辩护"（A defense of abortion），参见朱迪丝·贾维斯·汤姆森的 *Philosophy and Public Affairs*，1（1971）：47-66。

更多思想实验参见 Roy Sorensen 的 *Thought Experiments*（Oxford：Oxford University Press，1998）。

我对思想实验的结构更详细的分析参见 *Philosophy of Philosophy*（Oxford：Wiley-Blackwell，2007）第六章。

裘格斯的魔戒出现在柏拉图《理想国》的第二卷。

关于僵尸的例子及其讨论参见大卫·查默斯的 *The Conscious Mind: In Search of a Fundamental Theory*（Oxford：Oxford University Press，1996）。

在"认识与想象"（Knowing and imagining）中，我探索了如何用想象获得知识，详情参见 *Knowledge Through Imagination*（Oxford：Oxford University Press，2016）：113-23，Amy Kind 和 Peter Kung 主编。

关于直觉在思想实验中的积极作用，参见 Jennifer Nagel 的"直觉和实验：对认识论中案例教学法的一个辩护"（Intuitions and experiments：a defense of the case method in epistemology），出 自 *Philosophy and*

Phenomenological Research，85（2012）：495-527。关于直觉在思想实验中的消极作用，参见 Herman Cappelen 的 *Philosophy Without Intuitions*（Oxford：Oxford University Press，2012）。

"规范性和认识的直觉"（Normativity and epistemic intuitions）这一开创性的文章，即关于哲学思想实验的裁决会因种族和性别的不同而不同这一点，作者是 Jonathan Weinberg、Shaun Nichols 和 Stephen Stich，刊于 *Philosophical Topics*，29（2001）：429-60。

Experimental Philosophy: An Introduction（Cambridge：Polity，2012），Joshua Alexander 著，内容即题目。当前传统的进展情况参见 *A Companion to Experimental Philosophy*（Oxford：Wiley-Blackwell，2016），Justin Sytsma 和 Wesley Buckwalter 主编。

第六章　理论比较探求方法

更多关于物理主义、二元论和相关理论的介绍和讨论，可参见 Jaegwon Kim 的 *Philosophy of Mind*（Boulder，CO：Westview，3rd edition，2010）。

科学哲学的相关背景资料，可参见 Samir Okasha 的 *Philosophy of Science: A Very Short Introduction*（Oxford：Oxford University Press，2002）。

Gilbert Harman 关于"最佳解释推理"（The inference to the best explanation），刊于 *Philosophical Review*，74（1965）：88-95；还有 Peter Lipton 的 *Inference to the Best Explanation*（London：Routledge，2nd edition，2004），也是对这一课题的经典处理。

关于过度拟合参见 Malcolm Forste 和 Elliott Sober 的"如何判断什么时候更简单、更统一或更普遍的理论将提供更准确的预测"（How to tell when simpler, more unified, or less ad hoc theories will provide more accurate Predictions），*British Journal for the Philosophy of Science*，45（1994）：1-34。

我对本章主题更详细的讨论，可参见"溯因哲学"（Abductive philosophy），*Philosophical Forum*，47（2016）：263–80。

第七章　哲学方法论分析

Logic: A Very Short Introduction（Oxford：Oxford University Press，2000），Graham Priest 著。这本书是一个比较容易理解的切入点，作者是双面真理论的主要支持者。

这本书介绍了一些悖论，这些悖论促使人们提出修改逻辑的建议，详见 Mark Sainsbury 的 *Paradoxes*（Cambridge：Cambridge University Press，3rd edition，2009）。

关于归纳法的引用来自伯特兰·罗素在1907年发表的一篇文章，"发现数学前提的回溯方法"（The regressive method of discovering the premises of mathematics），再版于 *Essays in Analysis*（London：George Allen & Unwin，1973）：272–83，Douglas Lackey 主编。逻辑与动物学的引用来自罗素的 *Introduction to Mathematical Philosophy*（London：George Allen & Unwin，1919）：169。

本章末尾提到的模态逻辑问题，可参看我的 *Modal Logic as Metaphysics*（Oxford：Oxford University Press，2013）第一章。

第八章　哲学史作为工具

对证实原则潜在问题见解深刻但非决定性争论的诊断参见 Willard Quine："经验论的两个教条"（Two dogmas of empiricism），刊于 *Philosophical Review*，60（1951）：20–43。

Thomas Kuhn 的 *The Structure of Scientific Revolutions*（Chicago，IL：University of Chicago Press，2nd edition，1970），是一个很好的读本。

关于 Imre Lakatos 的研究，可以参看他的 *Philosophical Papers Volume 1: The Methodology of Scientific Research Programmes*（Cambridge：Cambridge University Press，1978），John Worrall 和 Gregory Currie 主编。

第九章 运用其他学科

理想理论和非理想理论的差别，详见约翰·罗尔斯的 *A Theory of Justice*（Cambridge, MA: Harvard University Press, revised edition, 1999）。

Evans-Pritchard 关于巫术的相关书籍，可参看 *Oracles and Magic among the Azande*（Oxford: Clarendon Press, 1937）。

关于相对主义，可以参看 Maria Baghramian 的 *Relativism*（London: Routledge, 2004）; Paul Boghossian 的 *Fear of Knowledge: Against Relativism and Constructivism*（Oxford: Clarendon Press, 2006）; 还有我的 *Tetralogue: I'm Right, You're Wrong*（Oxford: Oxford University Press, 2015）。

语言学和语言哲学的互动几乎可以在这本书里的每一章看到: *The Routledge Companion to Philosophy of Language*（London: Routledge, 2012）, Gillian Russell 和 Delia Graff Fara 主编。

心理学和知觉哲学的互动可参看 *The Oxford Handbook of Philosophy of Perception*（Oxford: Oxford University Press, 2015）, Mohan Matthen 主编。

以心理学为基础反对传统的哲学自我认知的概念，详见 Peter Carruthers 的 *Opacity of Mind: An Integrative Theory of Self-Knowledge*（Oxford: Oxford University Press, 2011）。

关于决策理论，哲学、理论经济学和计算机科学之间的广泛重叠区域，详见 Martin Peterson 的 *An Introduction to Decision Theory*（Cambridge: Cambridge University Press, 2nd edition, 2017）。

对认知逻辑的开创性研究详见 Jaakko Hintikka 的 *Knowledge and Belief*（Ithaca, NY: Cornell University Press, 1962）。关于认知逻辑在计算机科学和经济学中的应用详见 Ronald Fagin、Joseph Halpern、Yoram Moses 和 Moshe Vardi 所著的 *Reasoning About Knowledge*（Cambridge,

MA：MIT Press，1995）。

这几篇文章可以参看 Hilary Putnam 的 *Philosophical Papers, Volume 2: Mind, Language and Reality*（Cambridge：Cambridge University Press，1979），讨论了计算机和思想之间的关系。"心灵的计算理论"（computational theory of mind）在大多数心灵哲学中都有讨论。

关于一些哲学核心问题的有影响力的生物学探究方法，详见 Ruth Garrett Millikan 的 *Language, Thought and Other Biological Categories: New Foundations for Realism*（Cambridge，MA：MIT Press，1984）。

由爱因斯坦的狭义相对论引起的关于通俗时间观的问题，可以参看 Hilary Putnam 的"时间与物理几何"（Time and physical geometry），刊于 *Journal of Philosophy*，64（1967）：240–7。

大多数的当代生物哲学和物理哲学的研究都显示了哲学向科学学习，而不只是对科学进行哲学反思。

第十章　建构哲学模型

Michael Weisberg 的 *Simulation and Similarity: Using Models to Understand the World*（Oxford：Oxford University Press，2013），是一本很好的哲学模型建构入门书。

卡尔纳普发展他的内涵语义学：*Meaning and Necessity: A Study in Semantics and Modal Logic*（Chicago，IL：University of Chicago Press，2nd edition，1956）。

我关于这一主题的进一步阐释可见："哲学中的模型建构"（Model-building in philosophy），刊于 *Philosophy's Future: The Problem of Philosophical Progress*（Oxford：Wiley-Blackwell，2017）：159–73，Russell Blackford 和 Damien Broderick 主编。